起きたことを、どう受け止めて、どうやって最高に楽しい今があるのか。
読んでくれたみなさんが、自分らしい最高の一日を過ごすために。
どうしても元気が出ない日は、「明日があるし」と思えるために。
私の話が参考になったら——そう願ってる。

葦原海

私はないものを数えない。

葦原海

サンマーク出版

「はじめまして」の人も
「いつもありがとう」の人も。

この本を手に取ってくださって、とてもうれしいです。

葦原海です。

16歳で両足を事故でなくした私だけど、できなくなったことって、じつは少ししかない。

それまでどおり、大好きなディズニーにもいくし、おしゃれは好きだし、いまは念願の一人暮らしも始めた。毎日がとっても楽しい！　はじめて海外にも！


まだまだ途中だけれど、目指している場所に近づいている手ごたえもある。

この本では、そんな話を書いていきたいな。

私の「これまで」、つまり過去の話もしていくけど、悲しい打ち明け話とかじゃ、全然ない。車椅子ユーザー目線の話もいろいろするけれど、「#車椅子女子」の本でもないよ。

起きた出来事は、変えられない。
でも、それをどう受け止めるかは、
自分で決められる。

チャンスはかわいいリボンをつけて、
キラキラやってくるとは限らない。

両足をなくして、
「私はこれ」って選べるようになった。

無数にあった選択肢がほどよくしぼられて、
それでもまだまだたくさん選択肢はあって、快適で、ちょうどいい。

好きなように選んで、
好きなように楽しんで、
だからとてもハッピーだ。

もくじ

1章
「他にいないなら、私がやる」両足のないモデル誕生

02

夢への道はまっすぐとも限らないよね、って話。

～「やりたいこと」はあきらめない～

03

コロナで仕事がなくなって、SNSでバズって、今に至るって話。

～「#車椅子女子」がすべてじゃない～

3章

「私はまた私に生まれたい」葦原海はこうしてできた

08
友だちとは愚痴じゃなくて「未来の話」でつながりたいって話。
〜誰かと過ごす時間はムダにできない〜

09
足を姫にあげて、「うちの餃子」が一番だと気がついた話。
〜ポジティブ家族じゃなくていい〜

4章

世界がバリアフリーじゃなくても、私は私の役目を生きている

10

歌舞伎町でナンパされて、〝バリアフリーじゃない自分〟に気づいた話。
～偏見や思い込みって、やっぱりいらない～

11

初めての海外旅行で「ライブで生きる楽しみ」を味わい尽くした話。
~どんな国もそれぞれいい~

ブックデザイン　萩原弦一郎(256)
写真撮影　Sumiyo IDA
動画撮影　KOS-CREA
ヘアメイク　佐藤亜衣子
ヘアメイク　MiU YAMASHITA
構成　青木由美子
協力　岩谷洋介
DTP　髙本和希(天龍社)
編集協力　乙部美帆
編集　橋口英恵

プロローグ

車椅子モデル、ランウェイに立つ

私は「できないこと」を数えない

「車椅子でも、旅行はできますか？」

「ディズニー行けますか？」

「一人暮らしができますか？」


TikTokやYouTubeを始めた頃、多かった質問は「〇〇できますか？」。

それってたぶん、「できないんじゃ？」という疑問まじりで聞いてるんだと思う。


大丈夫、できる。

実際、もう全部やってる！

「すごいですね」なんて言われるけど、たぶん、「できないこと」を数えないから、できるんだと思う。

何かやりたいと思ったとき、「どうすればできる？」を考えるから、できる。

「できないかも」なんて思わないから、できる。

これってたぶん、車椅子ユーザーになったあとも、なる前も変わらない葦原海《あしはらみゅう》、生まれつきの性格。

初めての海外は、いきなりミラノコレクション

2022年9月。私はイタリア・ミラノのとある教会にいた。

初めての国際的なファッションショーに出演するために。

ロンドン、ニューヨーク、ミラノ、パリが、世界4大ファッションショー。

会場となったイタリアの教会には、ファッション関係者、バイヤー、カメラマンや記者などメディア関係者がびっしり座っていた。

「来年のミラノコレクションに出てみない?」

声をかけていただいたのは、２０２１年の終わりだった。

私がモデル活動を始めたのは18歳。ＮＨＫの福祉関係の番組でのファッションショーに出たのが最初のお仕事。

以降、いろいろな場面でモデルのお仕事をさせてもらった。２０２１年にはパラリンピック閉会式に出演したし、ミラノコレクション２０２１のオープニングムービーに出演したのもその一つ。新型コロナウイルス感染症の影響で、現地に行かないブランドが多かったので、日本での撮影だった。


オープニングムービーの出演には、シビアにオーディションがあった。

オーディションの様子はTikTokライブで配信されて、私はいつもの調子で自己ＰＲ。なぜミラノコレクションに出たいのか、そもそも、なぜモデルをしているか、私は真剣に話した。すごく楽しかった。

「エンタメの力で健常者と障がい者の壁を壊したい！」


たまたまそれを見ていたファッション・エージェントさんが、「ありえないほど明るい子だ！」と驚きつつも好印象をもってくれたらしい。

その人がアーティストでデザイナーのけみ芥見《あくたみ》さんにつなげてくれて、けみさんから出演オファーがあった——そんな感じ。

「2022年のファッションウィークも出展が決まった。ミラノコレクションに出演してみない？」

モデルを始めたからには、いつかは海外のランウェイを歩いてみたい。

そんな気持ちはあったけれど、まさか最初からミラノなんて想定外。

「いずれは東京ガールズコレクションに出られたらいいな」くらいのぼんやりした思いだった。

しかも私、海外に行ったことない！

英語なんて、全然しゃべれない！

10時間以上、飛行機に乗ったこともない！

海外も、ファッションショーのランウェイも、全部初めて。

でも「やらない」という選択肢は、最初からなし。

本当に苦手で嫌いなことを、「それでも我慢してやろっかな？」みたいな妥協をするのは苦手。

でも、全然わからないことなら、逆にすんなり挑戦できる。私はいつもそう。

想像の斜め上をいく「新しい自分」と出会う

ショー当日。集合時刻は12時ちょうど。時間どおりに現場入りしたのに、スケジュールが遅れる！　全然遅れる！

私は知らなかったけど、イタリア人はめちゃめちゃ時間にルーズらしく、スタートが遅れているのに、のんびりリハーサルをしていてびっくり。

案の定、私の前に出るモデルさんがリハーサルしている段階で、「もう、メイクしないと間に合わない」という時間に。

どこからどこまで歩くとか、どういう動線でとか、まったく確認できないまま、ぶっつけ本番で出演することになってしまった。

控室に行くと、たくさんのヘアメイクさんと、たくさんのモデルたちで混み混み。出演するいろんなブランドが入り乱れている。ドライヤーの音、話し声、あわただしい雰囲気だ。

メイクは担当する人によって仕上がりが変わるし、相性もある。何より、私なりのこだわりも相当にある。それでもお任せしてメイクされていくと、えっ、ありえないほど薄い……。


日本人じゃないから涙袋の概念がないし、「目の下にもメイクをしてほしい」とジェスチャーをしても伝わらない。

たれ目にしてかわいらしさを重視する日本と海外はセンスが違うし、しかもファッションショー。

「つり目が世界的には美人とされているし、かっこいい美しさが大事」

そういうことらしかった。

「これは言ってもムダだな」と、「上ばっかりじゃバランスが悪いから、目尻の下に茶色のシャドウだけでも入れてほしい」とスマホの翻訳アプリで伝えてみたけれど、メイクさんの顔は「？？？」。最終的に、せっかくやってくれたメイクを壊さないように、自分でちょっと長めにアイラインを引いた。

着物を思わせるオリエンタルなドレスに合わせて、髪はアップ。

想像の斜め上をいく、いつもと違う新しい私のできあがり。

ぶっつけ本番は、たった一瞬。それでも世界は新しい

いつもと違うのは、メイクだけじゃなかった。

車椅子も、その日初めて使うレンタルのもの。

ドレスは袖の片方が振袖みたいに長いデザインで、私の車椅子だと車輪に引っか

かってしまう。でも、引っかからないように意識すると表情がつくれない……。

手で漕いでいたらポージングにも影響すると、片手で操作できる電動車椅子が用意されていた。

つまり、初めてのランウェイを、慣れない借り物の車椅子で歩くということ。

だから、リハーサルをしたかったのに！

くやんでも、どうにもならないことは、仕方ない。

「できないこと」は数えない。

「できること」でやるしかない。

私は舞台の裏から他のブランドのランウェイの様子を見て、ぶっつけ本番に備えることにした。

「このへんで止まってポージングだ」

「そうか。センターはこのへんで終わるんだな」

歩くスピードは、出している衣装の数やブランドのコンセプトによって、全然違う。だから「参考になるか？」と言えばそうでもないけれど、今できることがこれしかないなら、やっておく。そして本番はもう、やるしかない！
頭の中で、段取りを何度も復習した。

ランウェイをまっすぐに進んで、ポージングして、ターン。
次のモデルとすれ違いながら、戻っていく。
どんどん出てくるモデルの中で、車椅子ユーザーは私だけ。
出のタイミングはもちろん、全体のリズムを壊さないように。
思いっきり魅力的に、自分らしさと身につけたドレスを表現する……。

どきどきと不安と緊張と、「やろう！」という、強い気持ち。
でも、本番が始まったら一瞬。
正直、ほとんど覚えていない。
でも、そこには、見たこともない光があふれていた。

私は「過去」をくやまない

初めてのことをしたら、新しい経験をしたら、それまで見たことのない世界に出会える。大きさに違いはあっても、それはみんな経験している気がする。

でも、その「初めてのこと」や「新しい経験」って、全部ハッピーですてきなことだけじゃない。

16歳で事故に遭って両足を失う経験は、当たり前だけど「初めてのこと」だった。
それは、人生がぐちゃぐちゃになってしまうような、悲しい経験？
私は、そうは思わない。

起きた出来事は、変えられない。
でも、それをどう受け止めるかは、自分で決められる。
だから私は決めた——両足をなくしたんじゃない。

「足は姫にあげたんだ」って。

受け止めたあと、その新しい世界でどう生きていくかは、全部、自分の好きなように決めていい。私は、全部、自分で決めてきた。

両足があってもなくても変わらない、この私、葦原海として。

毎日を楽しむのに、何かが「ある」とか「ない」とか、あんまり関係なくない？

私はなんとなく、そんなふうに思ってる。

1章

「他にいないなら、私がやる」両足のないモデル誕生

01

「してもらえなかったこと」を数えない

たった一つの出来事で
「冷たい人」と
決めつけるのは、
もったいないって話。

イタリア、階段しかない地下鉄でのこと

ミラノコレクションはお仕事だけど、せっかくはるばるやってきた初のヨーロッパ。私は観光も楽しんだ。

ヴェネチア、フィレンツェ、ミラノ、ローマ。

配信用の動画も撮りたかったたし、めいっぱい充実させたくて、あれこれびっちりスケジュールを組んでいた。もともと国内でも、私はどこかへ出かけるとき、予定をみっちり詰め込むほう。

いよいよコレクションも終わり、旅の終盤。

私はローマ在住の日本人女性に手伝ってもらい、帰国のためのPCR検査を受けに行こうとしていた。

検査会場へは、地下鉄で。駅のホームから地上までは上りエスカレーターだったから、後ろから同行者に支えてもらいながら、斜めに車椅子で乗って無事に到着。

問題は帰りで、地上から駅のホームまでは、2つある階段を下りて行かなくちゃいけない。エレベーターがない駅で、ありがちなことにエスカレーターも上り専用だったから。

「階段、下りるしかないね」

街なかの男性に手伝ってもらおうと相談し、同行の彼女に声をかけてもらった。たまたま通りかかった男性を呼び止める。たぶん地元のイタリア人。メガネをかけた、中年の男の人だ。

「今、駅のホームまで下りたいけど、階段しかないから一緒に車椅子を持ち上げてもらえませんか？」

会話はイタリア語なのでさっぱりわからない。ペラペラペラペラッと話して、男の人はさっさと地下鉄駅に入っていった。

通訳してもらったら、こういうこと。

「自分はこれから仕事に行くところで、時間がないから手伝えない。でも、駅には人がたくさんいるから、『もし手伝えそうな人がいたら上に行ってあげて』って、声かけだけはしてくるよ」

私はこの言葉を聞いて――すっきりした！　うれしかった！

してほしいこと・できること・できないこと

車椅子を持ち上げるのは、みんなが思うほど、難しくない。でも、「落としたらどうしよう」と心配な人もいると思う。

それに荷物ではないから、「持ち上げて、下ろして終わり」とは限らない。アクシデントがあるかもしれないし、さらに手助けがいるかもしれない。

何が言いたいかというと、結構、時間がかかるということ。

車椅子ユーザーの自分が「してほしいこと」を言うのも大事だけれど、言われた人にも、その人の予定や都合があるよね。

普段なら「いいよ、運んであげる！」と言ってくれる人だって、「絶対に遅刻できない大事な会議にギリギリだ」というときは無理だと思う。

元気そうに見えて、実はどこか怪我をしているかもしれないし。

手伝ってもらえないことは、全然、普通にあるはず。


それを「冷たい」と決めつけるのって、ちょっとへんじゃないかな。

車椅子ユーザーも、そうでない人も、みんなそれぞれ事情がある。

イタリアの男の人は「できない」と言うだけじゃなく、仕事中だと事情を説明してくれた。他の人に声をかけると、「自分のできる範囲」を示してくれた。

だからこそ私はすごく納得してすっきりしたし、他の人に声をかけてくれるというやさしさに、「うれしい、ありがとう」と素直に思えた。


自分がしてほしいこと。

相手ができることと、できないこと。

それをありのままに、ちゃんと表すと、いいコミュニケーションが図れる。そう実感した出来事だった。

障がい者を助けない人は「冷たい人」?

「障がいのある方たちを見たら、助けないといけない」

健常者の頃の私は、そう思ってた。

もう少し正確に言うと、「もしも助けなかったら、まわりの人は私のことを、『なんて冷たい人間だ』と思うだろう」と人の目を気にしていた。

困っている障がい者を手伝わないなんて、「絶対によくない」から、世間に非難されるから、絶対に助けないとダメだ、と。

だけど自分が車椅子ユーザーの立ち位置になったときに、「何か違うな」という気がしてきた。

私が何かを「手伝ってほしい」と言ったとして、それを100％やってもらって当たり前だというのは、違和感がある。

だって、相手にも都合があるし、できないこともあるから。

「ちょっと今は無理」と断られても、「そうなんですね」と思う。

逆に、「何がなんでも手伝う！　頼まれたらなんだって断らない！」というのは、障がい者の差別とまでは言わないけれど、特別扱いしすぎじゃないかな。


これは家の中でも同じだと思う。

車椅子だと高いところに手が届かないから、実家にいたときは親や妹に「あれ、取って」と頼んでいたけど、親も妹も自分の都合がある。

「今、手が離せないからあとでね」と断られるときも普通にあった。

頼んだことを、やってもらえるか、やってもらえないか。

それはそのときの状況でも、相手の事情によっても違う。

仮の話だけど、私が外で何かを落として、通りすがりの人に「すみません、拾ってもらえますか？」と頼んだとするよね。

その人が、無言で通り過ぎても、私は「冷たい！　差別された！」とムッとしたりしない。

「ああ、今は忙しいんだな」とあっさり思って、別の人に声をかけて終了！

だって、スルーした人だって、別のタイミングで声をかけたら「いいですよ」と拾ってくれるかもしれないから。

一つの出来事で「冷たい」とか「やさしくない」と決めつけない。

「相手の立場がどうだったのか？」と考えるって大事だなと、ローマの地下鉄駅の前で改めて感じた。

これって、車椅子ユーザーや障がいのある人だけではなく、みんなに言えることだよね。

02

「やりたいこと」はあきらめない

夢への道は
まっすぐとも限らないよね、
って話。

夢への道は「一本道」じゃなきゃダメ？

私がモデルの仕事を始めたのは２０１６年の10月10日。

ＮＨＫの福祉関係の番組で行われたファッションショーがデビューだ。

この原稿を書き始めたのは２０２２年秋だから、まるっと６年たった。

６年って、長い？　短い？

人によって違うと思うけれど、私はやっとスタート地点という感じかな。

それに、

「今までない道をつくっているんだから、時間がかかってもしょうがない！」

とかも思う。

他の人より下積み期間が長い人は、結構いる気がする。

プロ野球選手でも、パティシエでも、２、３年の下積みで夢に届く人もいれば、５、６年かかる人もいる。スピードはみんな違うよね。

でも「プロ野球選手になる方法」「パティシエになる方法」って、お手本がある。

つまり、すごーく難しいけど、前の人のやり方を参考にできるってこと。
だけど私にはお手本がないから。
新しいことを、つくっているから。
「車椅子モデルっているよねー。ほら、あの人とか、あの人とか」
こんなふうにバンバン名前が出てくるとかって、ないよね？
大谷翔平くんもトシ・ヨロイヅカもいないのが「車椅子モデルの世界」だ。
じゃあ、もともとモデルを目指していたかといえば――違う。
私は一途《いちず》で一直線だけど、夢への道って、まっすぐとは限らない。

将来の夢は「大道具さん」

「将来の夢は、テレビの大道具さんです」

いきなり昔の話だけど、小学校の卒業文集にそう書いた。

転校の多い子どもだった。大きな移動だと、愛知から千葉への転校。

「へんなの！　その言葉」

挨拶したとたん、おかしい、みんなと違っていると全否定だ。

ありがちなパターンで、しゃべり方をからかわれたり、笑われたり。転校生は注目度が高いから仕方ないけど、まあまあひどい、いじめの対象になった。


「机をつる」


掃除の時間、机を後ろに下げるけど、「運ぶ」ことを名古屋弁だと「つる」と言う。ポロッと「つる」と言っただけで「なにそれ！」と大騒ぎ。

いちいち揚げ足を取られたら、小学4年生としては結構めげる。


そこで私がやったのは、〝テレビ学習〟。

もともとテレビっ子だったけど、「標準語ってなんやろ？」みたいな感じで見ていたら、自然にみんなと同じようにしゃべれるようになると考えた。

お気に入り番組も、バラエティや音楽から、一気にドラマに変更。

「これだ」と決めたら、まっしぐらに、ひたすらやる性質《たち》だから。


ドラマを見まくっていたら、年末によくやっているNG集の特番で、スタッフやセットや舞台裏が映っていた。

セリフを間違えた俳優さんが監督となごやかに話している後ろで、背景を動かしているスタッフさんがいる。

スタジオの中は何もない箱なのに、セットを変えるだけで会社にも豪華レストランにも、朝ごはんを食べる普通のうちにもなる……。


「おもしろそう！　こういうセットをつくるのって、なんの仕事？」


素朴な疑問を小学生なりに調べてたどり着いた答えが、「大道具さん」。

細かい作業が大好きで、美術が得意な自分にぴったりの仕事！

もう、心は決まった。

小学校の卒業文集だけじゃなく、中学の卒業文集にも書いた。

「将来の夢は大道具さん」と。


高校は、空間デザインの課程がある美術系の私立に行きたかった。

その学校の推薦を取るには「美術は中学3年間オール5、毎年必ず美術に関する賞を取っていること」という厳しい条件があったけど、それは余裕でクリアしていた。人物とかは描けないけれど、風景画はかなり得意だ。


だけど私立はお金がかかりすぎる。

うちはお金持ちじゃないし、妹もいる。

さんざんもめて、親と学校と何度も相談して、最終的には公立高校にしたけれど、「卒業したら、大道具さんになるための専門学校に行く！」と決めていたから、夢への道は1ミリもブレていなかった――。

「車椅子ユーザーでも入学できますか？」

「事故で両足を失ったのは高1です」

取材やSNSで話している。別に隠すことじゃないし、私に秘密はない。
それで「大道具さんの夢を失ったのは高校1年生のときの事故がきっかけ」と受け取る人も多いみたいだけど、そうじゃなかった。

事故のあとも、夢は大道具さんのまま。「車椅子ユーザーには無理じゃない？」と不安になる……とかもなく。「全然、大丈夫やし」と平気だった。
高校3年生で進路を決めるときも、目標は中学時代から行きたかった東京の専門学校で変更なし。ただし、受験前に問い合わせはした。

「私は車椅子ユーザーなんですけど、そちらの学校に入学できますか？」

学校側の答えは、「車椅子の学生は、前例がないからわからない」だった。

その学校には、カメラマン、照明、音声など、テレビ関連のコースがいろいろあった。

「配線だらけの部屋がたくさんあるんです。高所作業もあります。たぶん、厳しいと思います」

はっきりダメと言われたわけじゃないけど、私は現実的だ。

「難しい」と学校が言っているのだから、受験料を払って試験を受けても不合格になる確率は高く、そうなるとお金のムダだと考えた。

それでも大道具さんをあきらめるなんて選択肢はないから、車椅子の学生がいた前例がある、別のｗｅｂデザイン系の専門学校に進学した。

パソコンは苦手だけど、デザインや色の勉強をすれば、大道具さんの仕事に役立つはず。１年で卒業のコースを選んだから授業はハード。でも、私はみっちり取り組んだ。

「ＮＨＫの番組内で行われるファッションショーに出てみない？」

知人を通してこのお誘いが来たのは、その専門学校1年の夏休みだった。

ＮＨＫファッションショーで見た「壁と偏り」

ネイルが好きだし、メイクも好きだし、ファッションも好き。

フォロワーの方、特に女の子に「かわいい」と言っていただくのはとってもうれしい。でも、自分がモデルになるなんて考えたこともなかった。

特に目立ちたいと思わないし、ちやほやされなくてもいい。

私は私、それだけでいい。

夢はあくまで大道具だから、表舞台に立つことに興味がなくて、「ファッションショーのランウェイ」と聞いても、特にときめきはなかった。

だけど、その夏の誘いには、「ショーに出していただけるなら、やってみたいです」と迷わず即答。

ただのファッションショーなら断ったかもだけど、ＮＨＫとなれば話は違う。

ショーの収録ということは、憧れのテレビの裏の世界を見られる！


そして当日。

モデルとして集まったのは、いろんなマイノリティの人たち。

出演者はいろんな障がいのある人が多く、ゲストもセクシャルマイノリティのはるな愛さんや、パラアスリートなどだった。

現役モデルやモデル志望者もいて、「自分がどう見られているか」にみんな真剣、意識がめちゃ高い。控室の鏡でポージングの練習をしている。


そんな中で私は、スタッフさんの動きばかりを見ていた。

いわゆる制作者目線というのか、「自分がどう見られるか」より、お客さんについつい興味が向く。本番が始まると、舞台の上からお客さんを見渡した。どんな人が来ているのか、それが気になってしかたなかった。

「車椅子席は前のほうにあるものだけど、それにしても障がい者が多いな」

素朴な感想はこれだった。モデルデビュー、初めてのファッションショー出演の感想は、キラキラでもワクワクでも、緊張でもなかった。

「偏っている」という強烈な違和感だった。

まるで障がい者と健常者の間に、ど～んと壁があるみたいに。

私の「一人反省会」

「みゅうさんの笑顔がすてきで、勇気をもらいました」

ショーの放映後、ＳＮＳを通してたくさんのメッセージが届いた。

驚いて、うれしくて、一つひとつしっかり読んだ。

メッセージにはその人自身のことも書いてあった。

「福祉関係の勉強をしている学生です」とか「マイノリティのためのＮＰＯ法人をやっています」みたいな若い子たち。

障がいを抱えている方やそのご家族、もしくは福祉関連の企業の人たち。

そう、メッセージをくれた中に、いわゆる普通の健常者は、少なかった。ステージ上で私がぼんやり感じた「偏り」や「壁」は本当だという気がした。


ＮＨＫのファッションショーは、パラリンピックを盛り上げるためのイベントの一つだと聞いていた。


「障がい者を特別な目で見るのではなく、身近な存在として感じてほしい」

「２０２０年に開催される東京パラリンピックを応援しよう」

「パラスポーツに親しんでもらおう」

だから競技用の車椅子でランウェイを歩くアスリートが出演していたし、義足で走り高跳びをするパフォーマンスもあった。

「制作者としては、障がいへの理解をいろんな人に広めて、親しんでもらうのが目的のはず。それなのに、もともと福祉に興味・関心がある人たちばっかり見にきている。せっかくのイベントなのに、興味がない人まであんまり届いてないのかも」

イベントに意味がないわけじゃないけれど、「大成功か？」と言ったら、そうは言えないんじゃないかな……。

まだ18歳、モデルですらない出演者の一人なのに、私はプロデューサーみたいに、心の中で「一人反省会」をしていた。

やる人が誰もいない？　なら私がやる

車椅子ユーザーになっても、大道具さんという夢は変わらないけど、NHKのショー出演をきっかけに、私はもっと深く自分の夢について考えた。

「障がいのある人や、マイノリティの子が、当たり前に自分を表現できる場所があるといいし、その手伝いができたらいいな」

「障がい者が人前で表現するのは、モデルを夢見る健常者が人前に出るのとは違う。隠しておきたいことを見せる勇気だっている」

「アンチに心を削られるような言葉を浴びせられても、めげずにいられる強いメンタルがないと」

そう考えたら、「え、そういう子、探すの大変かも？　まずは自分が表舞台に立ったほうが早くない？」と思えてきた。

私はいつも、全部、見せる。
メンタルはたぶんかなり強いし、めちゃくちゃ明るいと言われる。
何より「障がい者と健常者の間にある見えない壁」が、イヤだ。
イヤで邪魔なものが目の前にあるなら、自分で壊してしまえばいい！

誰かに頼むんじゃなくて。
誰かを恨むんじゃなくて。
誰もわかってくれないと、いじけるんじゃなくて。
やりたいことがあるなら、自分でやろう！
すごくシンプル。すごく当たり前。

こんなわけで私は、自ら表舞台に立つことを選んだ。
だから２０１６年10月10日、ＮＨＫのショーが、私のモデルデビューだ。

大道具さんの夢は捨てていないし、いつかは制作する側になれたらとも思う。モデルという表現者の道は、夢の途中のルート変更という感覚。「寄り道」なんて中途半端な気持ちじゃなくて、一つひとつ真剣だけど。

エンタメの力で、障がい者と健常者の間にある固定観念の壁を壊したい。障がいのある人、私みたいに途中でなった人に、「別に夢とか、やりたいこととか、あきらめなくていいよ」と伝えたい。

何をやるときにも「どうせ無理」と思ってしまう人には、私自身があれこれ挑戦したりやってみたり、無謀に見える夢に向かってる姿を見て、感じてほしい。

やりたいことは、あきらめなくていい、って。

回り道でもいい、って。

夢の形は広がったり、ちょっと変わったりするかもしれない。

だけど「あきらめない」と決めたら、行きたい場所に近づく気がする。

03

「#車椅子女子」がすべてじゃない

コロナで仕事がなくなって、SNSでバズって、今に至るって話。

チャンスはリボンをつけて現れない

ＳＮＳで道が開けるって、珍しい話でもない。

YouTuber、インスタグラマー、ライブで億を稼ぐ人、いろんなスターが新しく生まれている。私もＳＮＳで環境が変わった一人だとは思う。

とはいえ、最初から奇跡みたいなチャンスをつかんだわけじゃない。

むしろ「えーっ、こんな残念なことってある？」という逆境が、私とＳＮＳをつなげてくれた。

チャンスはかわいいリボンをつけて、キラキラやってくるとは限らない。

「できれば起きてほしくない」って出来事が、チャンスに変身する……！

仕事をするのはなんのため？

「障がい者と健常者の壁や固定観念を、エンタメの力で壊す」

ＮＨＫのファッションショーをきっかけに福祉関係のイベントに呼ばれるようになり、ファッションモデルを経験したけど、数は少ない。すぐに仕事というレベルにはいかなかった。

１年制の専門学校はあっという間に卒業。就職したテレビ関係の会社は、目指すものとは違っていた。

「高校を卒業したら一人暮らしをする」

これは早く大人になりたかった私の夢。自立するためには仕事が必要だ。だけど働いているうちに、頭の中が「？」でいっぱいになってきた。

「モデルの仕事も続けていい」

そういう条件で就職したのに、成人式を迎え、髪をショッキングピンクにしたことを上司に何度も注意された。

お客さまに会う仕事なら、「会社員らしい髪型がいい」というのはわかる。でも、私の仕事はひたすらパソコンに向かうもの。そこはきっちりやっていた。

誰にも会わないのに、ピンクで何か問題が？


会社としての規則違反なら従ったけれど、そういうわけでもない。

上司Aさんは「いいよ、自由な髪で」と言い、上司Bさんは「すぐに黒髪にしてほしい」と言い、矛盾だらけで窮屈だった。


でも、もっともっと「？」なのは、私自身の気持ちだった。

テレビ関係の会社だけど、やっている仕事は、目指すものと違ってる……。

「じゃあ、なんで働いているの？」

心に聞いてみて、返ってきた答えは――「安定した仕事とお金」だった！

「安定とお金のために、ここで5年、10年と働くの？　それでいいの？」

もう、心に聞くまでもなかった――答えはわかってる。

自分らしくないことを我慢して続けたら、望む未来につながらない。

コロナで仕事激減！　収入3分の1の大ピンチ！

退職した私は、フリーランスでがんばることにした。

学校や地方自治体から「講演をしてください」と声がかかれば、受けた。

グラビアにも、新商品発表会などのイベントにも挑戦した。

フリーランスのモデルで、車椅子ユーザーの表現者。それが私の仕事。

会社員みたいに安定していないし、先の見通しもない。

でも、熱量は倍増！　前の仕事よりはずっと「自分らしい」気がしていた。

少しずつ、少しずつ。時間はかかっても、前へ、前へ。

道がないところを進んでいく——少しずつだけど、確かに進んでいた。

ところが、新型コロナウイルスの感染拡大で学校は休校。イベントも講演会も中止。仕事がなくなってしまい、収入は3分の1になった。

えーっ、こんなことってあり？　どうしよう？

それで始めたのがTikTokとYouTubeでの動画配信だった。

「ぽっかり空いた時間で、新しいことに挑戦しよう」

TikTokは屋台、YouTubeはレストラン

「アプリを通して、1人でも2人でも、葦原海を知ってくださる人をつくろう。その人たちが『エンタメの力で健常者と障がい者の壁を壊す』という活動に興味をもって、ファンになってくれたら成功！」

ごはんを食べる時間まで削るみたいな無理はせず、負担は最低限。
TikTok も YouTube も、着実に小さな目標をクリアしていく。
あまり詳しくなかったから、まずは研究から始めた。

「TikTok はおすすめ機能で、いろんなものがランダムに流れてくるから、最初の1、2秒で『続きが見たい』と思われる動画がいい」
「車椅子で、両足がなくて、若くて、おしゃれとディズニーが好きで……そういう自分のポイントがしっかり見えるようにしよう」

TikTok のダンス動画は顔のアップで始まったりするけど、私には合わない。
全身でスタートして、パッと一瞬で「車椅子」という特徴がわかるように。
名前や投稿文が出るラインに大事な部分がかぶらないように基本も忘れずに。

最近、知り合いがライブ配信で、すごくわかりやすく説明していた。

「TikTokはお祭りの屋台と同じだから、みんな通りすがりだ。目的もなく、たらーっと歩いていて、『あ、食べたい』と思ったら買う。TikTokも流れていて『おもしろそう』と思ったら見るし、興味がなかったらスクロール」

その人が言うには、YouTubeはレストランだ。

「レストランに行くなら、料理や雰囲気について事前に細かく調べて、『ここ』と決めてお店に行く。だからYouTubeのタイトルとサムネイルには、料理、インテリア、メニュー、営業時間みたいな基本情報をちゃんと入れたほうがいい」

要するに、どんなに中身が凝っていてもYouTubeを見るかどうかは、サムネイルとタイトルでほぼ決まるということ。もちろんレストランなんだから、中身もしっかりしていないといけない。

「#車椅子女子」だけじゃない世界が始まった

視聴者としての私の好みは、おしゃれでかわいくてキラキラしてるもの。映える風景とかいい感じのドリンクとか、思い出ムービーみたいなVlog（ビデオブログ）が好き。

でも、自分の好みと、相手に届くかどうかは別の話だ。

ここが大道具さん志望の制作者目線なのかもしれないけれど、私は自分の好みより、視聴者さんに見てもらえることを優先した。

「足がないけど、今はこれに挑戦しているよ」

「車椅子生活だけど、毎日、めっちゃ楽しんでる」

サムネやタイトルに、まず障がい者だとわかるような「両足切断、車椅子」という言葉を入れた。

「楽しんでる」と伝えたいから、躍動感がある動画のスクショを撮る。

「プールに入るって、このあと、どうなっちゃうの？」という期待をもたせる。

「両足がなくても泳げるの？　水に浮くの？」

興味・関心を引くような文言を入れたりもした。

もちろん、おしゃれさや、かわいさを表現したいときは、メイクした顔がよく映っているサムネにしたり。

- **両足切断×プール×ポジティブ**
- **おしゃれディズニー×車椅子×コスプレ**
- **モデル×SDGs×旅行**

ポイントがたった一つだと、本当に極めていないと難しい。だから自分の引き出しをいろいろ開けて、いくつかの要素を組み合わせた。

だって、私はメイクやおしゃれが好きだけど、それだけじゃない。

「#車椅子女子」だけど、それだけじゃない。

全部が混じっていて、全部が掛け算になってできている、それが葦原海だ。

みんなだってそうじゃない？　たとえばメガネをかけてる子がいたとして、「#メガネ女子」がその人のすべてを表すなんて、ありえないよね？

TikTokを毎日投稿していくと、思わぬところでバズったりして、たくさんのコメントが来るようになった。


足を失って……

● **一人でトイレに行けるの？**
● **子どもは産めるの？**
● **ディズニー行けるの？**

質問はだいたいこんな感じ。私は全部できるから、全部答えた。トイレもディズニーに行くのも、どういうふうにするか、わかりやすい動画を撮った。

そのうち、「障がい者とか車椅子ユーザーのこととか、考えたこともなかったけど、みゅうちゃんを応援します！」という応援コメントも増えていった。

●彼氏はいるんですか？
●いつもポジティブだけど、どうしてですか？
●メイクがかわいいけど、どんなコスメを使ってますか？

「#車椅子女子」とは無関係の質問もどんどん来て、思った。
「これは本気でやったほうがいい！」

２０２０年4月に始めたTikTokは、フォロワーが5万人、10万人と増えていった。11月に新しくつくったYouTubeアカウントもすぐに登録者数１０００人を超え、「私が両足を切断した理由。」という2回目の投稿が運よくバズって、スタートから3週間で、収益化の目安も超えていた。

TikTokはアプリを使っている人だけが見るけれど、YouTubeはインターネットだからもっと広く届く。私のことを「突然、流れてきてたまたま知った」という新しい人がファンになってくれて、今の登録者数は25万人超だ。

それまでは、「エンタメの力で健常者と障がい者の壁を壊したい」と言い続け、福祉関係も一般的なものでも区別せずにイベントに出ていた。

でも、私自身に「お客さんを呼び込む力」があったわけじゃない。主催者さんやスタッフさんのつくってくれた舞台に、乗っかっていただけだ。

それがコロナをきっかけにSNSを強化させたら、ガラッと変わった。

「障がい者について考えたこともなかった」とか「若い子のファッションはどうでもいいけど、みゅうちゃんに興味がある」という人たちが、イベントに足を運んでくれるようになった。

外出中に「いつも動画見てます！　応援してます」と、小学生や中学生にも社会人にも声をかけられるようになった。

障がい者も健常者も関係ない、新しいコミュニケーション。

「#車椅子女子」で始めたSNSだけど、それだけじゃない世界が始まった——これってたった一歩だけど、私には大きな一歩だった。

たぶん、「幸せの第一歩」ってことだよね。

「白イルカの飼育員」になれなくてよかった話

2021年に行われた東京パラリンピックにパフォーマーとして出演してミラノコレクションのランウェイを歩き、念願の一人暮らしも始め——今に至る。

まだまだ数歩かもしれないけど、「進んでる！」って実感がある。


そして、いきなり話が変わるけど、大道具さんになる前の私の夢は、「白イルカの飼育員」だった。おばあちゃんに連れられて八景島シーパラダイスに行って、イルカのタッチ体験に当選したときは、うれしくて、うれしくて。

だけど、そのうれしさはすぐに、こなごなに砕けた。

イルカがいるプールは、磯の香りというのか生臭い。イルカ自体が魚臭い。今も魚介類すべてが食べられないほど、磯の匂いが苦手な私にはなかなかつらかった。完全に無理！　――人生で最初の夢は、そこで消えてしまったわけ。

でも、よかったと思ってる。

白イルカの飼育員になれなかったから、「ものをつくる大道具さんになろう」と夢を変えて、今の自分がある。

コロナで仕事がなくなったから、動画配信を始めて今の自分がある。

事故で両足を失ったから、今の私がある。

私は今の私が好きだ。

一見、ネガティブなことも、全部自分をつくってくれるチャンスになる。

2章

「せっかく生きてるし！」いつでも楽しさは見つかる

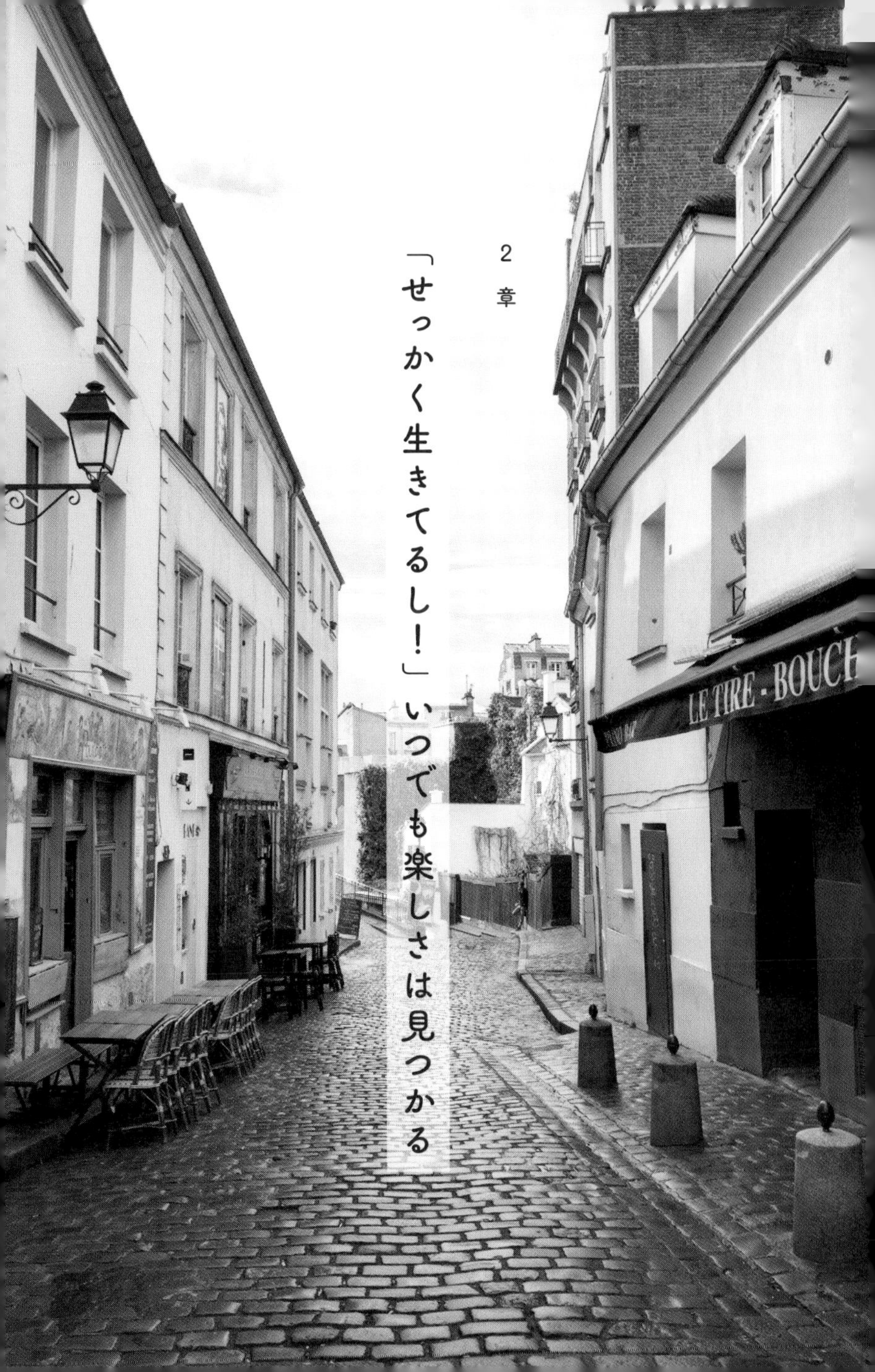

04

「できないこと」があると、「できること」がわかる

足がないことより、スマホがないことに絶望した話。

変えられる環境・変えられない環境

趣味はお菓子づくりとセルフネイル。絵やデザインや美術が好き。

細かい作業が好きだからメイクも好きで、コスプレもよくやる。

『鬼滅の刃』ブームのときは、禰豆子《ねずこ》になってユニバに行った。


ハロウィンも毎年全力！　過去にやったコスプレは、ポリス、メイド、幼稚園児などなど。

当日の夜に渋谷に行って、知らない人同士でも「完成度高くてすごい！」と思ったら声をかけ合い、一緒に写真を撮ったりするのが楽しい。


2022年秋、コロナで集まれなかったハロウィンが再開したときは、女子高生コスプレで渋谷に行った。

ミラノコレクションに呼んでくださったデザイナーのけみ芥見さんが同行してく

れたので、「パパ活女子コスプレ」みたいな感じ？

ちょっと毒があるかっこいい系が好みで、ドンキで買った血糊をペタペタ、アイシャドウであざもつくって、ダークヒロインのできあがり。

もしかすると、「サイコなお父さんと女子高生」みたいだったかもしれない。


ハロウィンコスプレのダークすぎる設定はともかく、ＳＮＳでもらう若い子たちのコメントには、家庭環境の悩みが結構多い。

「自分はこういうことをやりたいけど、親がわかってくれなくて」とかね。


うちの親、特に母は心配性で、口ぐせは「大丈夫？」。

昔は門限があったりしたから、相談してくる子の気持ちはわかる。

だけど、基本、子どもには家庭環境は変えられない。いくら親がイヤでも、虐待・ＤＶなどの深刻なケースは別として、親子は簡単には離れられない。

「環境は変えられる」ってよく聞くけど、変えられる環境と変えられない環境があるのは仕方ないことだ。

「仕方ない」って最悪？　あきらめ？　絶望？

ううん、そうじゃないと私は思ってる。

「仕方ない」って意外といい！

今は「仕方ない」ことでも、いつか変えられるタイミングが来ることも多い。

たとえば事故に遭う前の私は、遊びとバイトが生活の中心で、家は「お風呂に入って寝るところ」。

外出ばかりの私を心配して、いろいろ言ってくる親がうっとうしかった。

実家という親の管理下にある環境が面倒くさくて、早く大人になりたかった。

だって未成年は制約が多くて、「○時までしか入場できない」という場所がある。

憧れのディズニーのホテルも、未成年同士の宿泊は親の承諾なしには無理で、うちの親は許してくれなかった。

「早く成人したい、早く大人になりたい」と中学の頃はすごく思っていた。でも、卒業する頃には「まあ仕方ない。あと数年の我慢だし」と考えるようになった。それでイライラも減ったと思う。

そして成人した今は一人暮らしだし、自由に動けている。

両親とも、いい関係だ。

10代の私が親と悲惨なバトルにならずにすんだのは、「20歳までは仕方ない」と環境を変えることをあきらめた——というか、仕方ないと受け入れたから。

いくら親でも自分とは違う人間で、「自分以外を変えるのは無理」と思ったのも、よかったんじゃないかな。

つまり「期間限定」で、「仕方ない」と割り切って、めげないやり方。

問題は、すべての環境が変えられるわけじゃないこと。

「自分が変わることで、まわりも変わる」


これはきれいな言葉だけど、うまくいかないこともあると思う。

たとえば私の場合、「足がない」というのがそれ。

自分で変えようと思っても変わらないし、「30歳になったら元通り」とはいかないし、何かのタイミングでもそのまんま。

じゃあ、どうすればいいんだろ?


私は「足がない」というのを知った瞬間、受け入れた。

「足がないのは、もう変えられないこと、仕方ない」って。


あきらめじゃない。

いじけたんでもない。

開き直りでもない。

変えられないなら、「じゃあ、今の環境でどうする?」って考えるほうが、早い。

——それだけのこと。

足を失ったことより「やりたいこと」に意識が向いた

足を失ったと気がついたのは、事故に遭ってしばらくしてからだった。

2週間はたっていたと思う。

命そのものがあやうくて、両足切断後も手術をして——そんなこと覚えていないけど——ICUにずっといたから、事故前後の記憶は飛んでいる。

意識が戻って思ったのは、「あ、生きてる」。

両親がいて、母が泣いていた。全身は包帯とビニールでぐるぐる巻き。

「骨盤にヒビが入っているから、動かないで」

自分が病院にいること、体がまったく動かせないこと、半端なく、ただごとじゃないことはわかった。

へんな話だけど、命があることが不思議な感じがした。


大怪我をしたと悟ったけど、どこがどうなっているのかわからなかった。

最初は親も病院の先生も説明してくれなかったから、自分で知った。

ふと布団の中を見て「ん？　足がない」って。

手足を切断した人には、なくなったはずの足が痛むという「幻肢痛」という感覚がある。私も、痛いようなかゆいような感覚はあったので、足がもうないなんて嘘《うそ》みたいだった。

もちろん、嘘じゃなかったんだけどね。


「両足をなくしたと気がついたときのお気持ちは……」

取材や撮影だと、みんなめっちゃ気を遣いながら、恐る恐る聞いてくるけれど、遠慮なくフツーに聞いてもらって、全然、大丈夫。

私は大泣きしたわけでも、叫び出したわけでもなかった。

足をなくしたことで凹《へこ》んだことは一度もない。

足がないことの次に気がついたのが、

「あ、スマホがない！」

実は、足がないことよりスマホがないことに絶望した！


「嘘でしょ？」って驚かれるけれど、本当だからしょうがない。

だって、16歳だった。

スマホ中毒じゃないけど、友だちや彼氏に連絡がとれないのが一番致命的。

出かけるのが大好きだから、「スマホなし24時間ベッド生活」というのは、あまりにも苦痛すぎた。

バキバキになって、電源も入らなくなってしまった私のスマホ……。

「ねえ、新しいスマホ買って。お願いだから買ってきて」

親が病院に来るたび、しつこくねだった。

足について落ち込んで嘆くこともなく、ひたすら「スマホが欲しい！！！」と言い続けたので、さすがに母も呆《あき》れていた。

今思うと、両親、特に母のほうが、事故のことを受け入れられていなかった。

スマホを与えて友だちにどう話すのか、ＳＮＳでへんな書き込みをしないか、不安だったんだと思う。

スマホが与えられない私は、次の欲しいものについて要求を開始。

「いつ車椅子に乗れますか？　いつ外出できますか？」

病院の先生に毎日聞いた。

自分が今思い返してもびっくりするけど、歩けなくなることへの不安や、足がなくてイヤだという気持ちが、いっさいなかった。

足がないことはもう変えられないけど、私は猛烈に外に出たい。
友だちと会いたい。
学校に行きたい。
ディズニーに行きたい。
スタバのキャラメルフラペチーノが飲みたい。
それにはどうしたらいいの？

私は、「できないこと」じゃなく「やりたいこと」だけ考えていた。
どうやったら、それがやれるかを。
足がなくてもやれる方法があるなら、やりたい。
泣いてる暇はないし、待ちきれない。

人と比べないから自分の道を進める

「いつ、退院できますか？」

両足を切断したことを、私のベッドの周囲に家族みんなが集められて、医師の先生からきちんと説明されたときの、私の最初の言葉がこれだった。

母親は今でも、この瞬間の私の第一声に、とても驚いたと言う。

私はとにかく早く、外に出たかった。楽しいことがしたい。友だちと遊びたい。

私がやりたいことをやる方法はたった一つ、「車椅子に乗って退院する」ことだけ。それなら早く実現したい。

私は先生にとにかく早く退院できるようにお願いした。そのための努力はなんでもできる。

YouTubeやTikTokでこの話をしたら、反響がすごかった。

「私だったらそんなに強くなれない。明るくできない」

そうよく言われる。

たぶんそういう人たちは、「SNSで楽しそうに発信している車椅子ユーザーでモデルの葦原海」と、想像の中の「両足をなくした自分」を比べて、無理だと感じるんだろう。

でも16歳の私は、障がい者にも両足をなくした人にも会ったことがなかった。身近にいない、ネット上で見る機会もない、だから比べる相手もいない。

自分中心にしか考えていなかったから、シンプルに受け入れたんだと思う。

好きなように選んで、好きなように楽しむ

「両足を失って、変わったことはなんですか？」

郵 便 は が き

料金受取人払郵便

新宿北局承認

9083

差出有効期間
2024年 5 月
31日まで
切手を貼らずに
お出しください。

169-8790

154

東京都新宿区
高田馬場2-16-11
高田馬場216ビル 5 F

サンマーク出版愛読者係行

ご 住 所	〒 都道府県	
フリガナ		☎ ( )
お 名 前		
電子メールアドレス		

ご記入されたご住所、お名前、メールアドレスなどは企画の参考、企画用アンケートの依頼、および商品情報の案内の目的にのみ使用するもので、他の目的では使用いたしません。
尚、下記をご希望の方には無料で郵送いたしますので、□欄に✓印を記入し投函して下さい。
□サンマーク出版発行図書目録

1 お買い求めいただいた本の名。

2 本書をお読みになった感想。

3 お買い求めになった書店名。

市・区・郡　　　　町・村　　　　書店

4 本書をお買い求めになった動機は?

・書店で見て　　　・人にすすめられて
・新聞広告を見て(朝日・読売・毎日・日経・その他＝　　　)
・雑誌広告を見て(掲載誌＝　　　)
・その他(　　　)

ご購読ありがとうございます。今後の出版物の参考とさせていただきますので、上記のアンケートにお答えください。**抽選で毎月10名の方に図書カード(1000円分)をお送りします。**なお、ご記入いただいた個人情報以外のデータは編集資料の他、広告に使用させていただく場合がございます。

5 下記、ご記入お願いします。

ご職業	1 会社員(業種　　)	2 自営業(業種　　)
	3 公務員(職種　　)	4 学生(中・高・高専・大・専門・院)
	5 主婦	6 その他(　　)

性別	男・女	年齢	歳

よく聞かれるけど、あんまりない。

もともと明るかったから、急に明るくなったわけじゃない。

健常者とは違う立ち位置、ちょっと変わった状況にはなったけれど、足があってもなくても、私は生まれつき「変わった子」だった。

我が道を行く系、というか？

だからって「障がいは個性です」というのは、なんか違うと思うけど。


自分一人でできる範囲は狭まったし、できなくなったこともある。

でも、友だち、仕事仲間、親、まわりの人にお願いすれば解決できちゃうことがほとんど。

「あれもこれも、できなくなった」という感覚はない。

車椅子ユーザーになって、むしろ生きやすくなった。


「どんなことだって、やればできる！　可能性はゼロじゃない」

両足をなくす前、心のどこかで思っていた。

私に限らず、健常者は少なからずそう思っているだろうし、学校なんかでも「夢はかなうと信じよう、ポジティブに考えよう」と教えられがちだ。

でも、「なんでもできる」と言われたら、逆に困らない？

「なんでも」ってよくわからないし、「やればできる」って呪いみたいだ。

あまりにもたくさん選択肢がありすぎて、いったい何をしていいのか、迷子になりそう。

そしてできなかったら、「努力が足りない」と自分を責めてしまいそうだ。

だけど今の私は、「これはできない・あれはできない」と、物理的にできないことがはっきりある。

だからこそ、自分が「やりたくて、できること」が見つけやすくなった。

私が一番好きな色は赤だけど、もしもこの世界にある色のすべてが好きで、そのすべての色が似合っていたら困ると思う。

スマホケースの色をなんにするかも選べないだろう。

でも、好きな色と似合う色があったら、「私はこれ」ってすぐに選べる。

できないことがあると、できることがわかるって、これと似た感じだ。


両足をなくして、「私はこれ」って選べるようになった。

無数にあった選択肢がほどよく絞られて、それでもまだまだたくさん選択肢はあって、快適で、ちょうどいい。

好きなように選んで、好きなように楽しんで、だからとてもハッピーだ。

ある意味、生きやすくなったと思ってる。


16歳までの私は、いつも将来や未来ばかり楽しみにしていた。

25歳の私は、今を全力で楽しもうと思うようになった。

できないことがあったら、何ができるかが、はっきり見えてくる。

何ができるか見えてきたら、やろうと決めて、やるだけ。

ね、わりと簡単な話だよね？

05

どんなときでも楽しさは見つかる

「これのどこがかわいそうに見えるのかな？」が素直な気持ちという話。

車椅子ユーザーになって、できなくなったのはこれ

「車椅子ユーザーってどんな感じ？」とたくさん質問をいただくので、あるとき、あえて「できないこと」を挙げてみた。

- 高いところのものを取る（座った状態だから、あれこれ手が届かない）
- 絶叫系のアトラクションに乗る（ルール・制限あり）
- ジーンズやミニスカ、ショーパンをはく（着ないので妹にあげた）
- 袖がふわっとした服を着る（車椅子の車輪に巻き込まれる）
- 白や明るい色を大事なときに着れない（これも車輪で汚れる）
- 衣替え（クローゼットの高いところ、低いところに手が届きにくい）
- 傘がさせない（両手で車輪を回すから。雨の日は基本カッパ！）
- 食べ歩き（やっぱり両手がふさがる問題）
- 時間ギリギリの行動（移動は時間がかかる）

テーマパーク好きな私としては、いろんな制限で乗れないアトラクションがあるのはちょっとつらい。

ディズニーだと絶叫系の3大マウンテンは、「緊急停止したときに自力で梯子《はしご》を降りられること」という条件があるから無理。カヌーはバランスが難しく、スター・ツアーズもダメだけど、あくまで私の場合であって、車椅子ユーザーでも床で踏ん張る力がある人なら乗れると思う。

とはいえ、なんやかんやでディズニーで乗れないアトラクションは6個だけ。40くらいあるうちの6つがNG——要するに、ほとんどOKってこと！

ディズニーは相変わらず大好きだし、定期的に行っている。

コップに描いたアンパンマン

また入院生活中の話だけど、こんなことがあった。

新しい皮膚が足の切断面を覆い始めて、感染症で命を落とす危険な時期もようやく過ぎたころのこと。

ＩＣＵから出た私は、16歳という微妙な年齢で小児病棟に入院していた。

幼稚園、小学生くらいの子たちの中で一番年上。

個室だから交流はないけれど、通路の反対側が保育室で、ときどき子どもの声が聞こえてきた。

一日中寝ていて、食事もベッドまで運ばれるから、話し相手もいない。

あるとき、たまたま保育担当の看護師さんが配膳してくれたとき、目についたのが飲み物のコップ。目盛りつきプラスチックで、私のは透明だけど、子どもが使うコップには、保育士さんたちがペンで絵を描いていることを知った。

「何それ、私もやりたい！」

退屈だし、テレビも飽きるし、なんたってスマホがない。

使用前のコップと油性ペンを持ってきてもらって、お花や動物、キティちゃん、アンパンマン、ミッキーやドラえもん、くまモンなど、ちっちゃい子たちが喜びそうな絵をどんどん描いた。

「今日はアンパンマンのコップだー！」と喜ぶ顔を想像しながら。

保育士さんとやりとりするようになり、エプロンのポケットに、子どもにあげるための折り紙が入っていることに気づいた。

「めっちゃかわいい。私もそれ、折りたい！」

折り紙の動物は、目の描き方によって顔ががらっと変わる。教えてもらったり、折り紙の本をコピーしてもらって練習したり。

よくある、どんどんちっちゃく折るツルみたいに、小さな小さなミッキーを折り紙でつくることにも挑戦。

直接の交流はなかったけど、私の絵や折り紙が、入院中の子どもに届いてる。そうやってベッドから動けない入院生活に「楽しいところ」を探してた。

どんな毎日にも「楽しさ」は見つかる

「早く退院してディズニーに行きたい！」

その願いをかなえるには、車椅子に乗れるようになるのが絶対条件。

手術をした最初の病院からリハビリ専門の病院に転院したとき、私はかなり前向きで、早く訓練がしたくてたまらなかった。

16年間、足がある状態で生活してきたのに、全然違う体の使い方を覚えなきゃいけない――それ以前に、数カ月寝たきりだったのも大きい。すっかり筋肉が落ちてしまって、まったく力が入らない。

しかも、外で遊ぶのが好きなわりに、私はインドア派。お菓子づくりが趣味でもともと運動は大嫌いだったから、なかなか大変だった。

最初はベッドの上で腕の筋トレ。腕にリハビリ用の錘《おもり》を取り付けて、1キロから始めたけど、筋力がなさすぎてまったく上がらない。

0・5キロに変えたらなんとか上げられたけど、「上下運動20回」はありえないほど無理。最終的に、最軽の0・25キロでスタートした。

「でもやるんだ！　つらくてもやるんだ！　私は絶対に退院する！」

こういう熱血・根性系だったかといえば……まったく、そんなことなくて。

「重い――！　もう、無理～」

OT（作業療法士）さんやPT（理学療法士）さんに普通に甘えていた。

筋肉が落ちていて力が入らないし、体育は大嫌いだからリハビリだって得意じゃない。最初はうつぶせやあおむけになって体をほぐしてもらう全身マッサージの時間で、これがずっと続けばいいと思っていた。

普通なら15分のところを、なぜか私だけ、ちゃっかりマッサージを30分。

リハビリは自分の中で「これだけできたらOK」というラインをつくってやっていた。がんばるのはがんばるけど、無理して〝根性〟みたいなのは性に合わない。


筋力がある程度戻ってきたら、体幹を鍛えるリハビリ。

足がなくなったぶん、バランスをとる力をつけることになった。

今なら両手を離して床や椅子に座っていられるけど、当初はぐらぐらして倒れたり、すぐ腕をついて支えてしまう状態。

床から手を離して座る練習のために、輪投げをした。輪を投げて体が揺れても倒れないようにしたり、ひねってもバランスを崩さないようにしたり——でもこれは単調で、あんまりおもしろくなかった。

あるとき、近くでリハビリ中の男の人が、風船バレーをやっていた。床に座った状態で訓練士さんと風船を打ち合い、バランス力を鍛えているらしい。

「めっちゃ楽しそう！　みゅうもあれがやりたい」

お願いしてやってみたら、輪投げよりはるかに楽しい。風船に好きな絵を描けるし、ゲーム感覚で訓練士さんとコミュニケーションもとれる。

やがて「最初の30分はマッサージ、次に風船バレーなどの訓練、最後の5分は訓練士さんとおしゃべりしながら風船にお絵描きタイム」という〝みゅう専用リハビリメニュー〟ができていった。

どんな状況でも、限られた範囲でも、自分なりの楽しみは見つけられる。

たまたまだけれど、OTもPTも、訓練士さんが20代の女性だというのもよかった。

医療のプロだから別にきゃぴきゃぴはしていないけど、16歳の私から見て「うんと年上の人」という感じでもなかったから、タメ口で恋バナもできた。

友だちは「話し役」と「聞き役」がいるというけれど、私は話し役。とにかく話すことが大好きで、リハビリのときもしゃべりっぱなし！

あの頃は気がつかなかったけれど、20代の若い訓練士さんだから、ベテラン訓練士さんよりも経験は少なかったはずだ。

脊髄損傷で半身不随になった方や、片足が義足になった方のリハビリはやっていたと思うけど、私はレアケースだったんじゃないかな。

「太ももの かなり付け根に近いところから、両足を切断した16歳の女の子」

工夫して「できる」を増やすって楽しい

これはきっと、訓練士さんたちにも、チャレンジに近かったんだと思う。

珍しいケースで「どんな訓練が一番いいか？」となったら、過去の経験がない若い訓練士さんは、より患者にしっかり向き合わなきゃいけない。

2人とも、まっすぐ私のほうを向いてくださった。甘やかしながら、励ましながら、しっかりと訓練とケアをしてくれたことへの感謝は大きい。

「トイレに行くのは、まず車椅子から便座に乗り移る訓練からだよ」

チームみたいに一緒に試していくのは楽しかった。友だちじゃないけど、友だち感覚で、「できること」を増やしていった。

あのときは本当に、本当に、ありがとうございます。

車椅子ユーザーになってラッキーなこと

できないことがあっても、できることはあるし、車椅子ユーザーになってラッキーなこともある。

- **障害者割引でディズニーや交通機関、映画が安くなる**
- **大勢の飲み会や交流会で覚えてもらえる（車椅子・両足がない・派手）**
- **靴下、タイツ、靴が不要（服だけでも大量なのでよかった！）**

訓練のおかげで、私は一人でトイレも行けるしお風呂も入れる。一人で外出できるし、なんなら旅行もしょっちゅうしている。

着替えはベッドの上で、寝転がってボトムスをはく。下半身着痩せコーデができないぶん、ポイントはベルト。いろいろ集めて、たくさん持っている。

高いところのものは、取ってもらえばＯＫ。実家の頃は家族に頼んだし、旅先だとあらかじめホテルの人に、「シャワーヘッドを外して床に置いておいてください」などと頼む。

一人暮らしだから料理もする。体重をかけられないから、皮が硬いかぼちゃは切れないけど、スーパーでカットかぼちゃを買ってくればいい。

ハンバーグなんかを混ぜるときは、ボウルを膝に置けば大丈夫。

揚げ物は、顔の高さにフライパンがくるのがやや怖いとかはあるけれど、ちょっとずつ便利グッズで改善していくつもり。

今は彼氏がいないけど、もしもできたら、特典もついてくる（笑）。

階段で抱っこ、おんぶをしてもらうことになるから、ツンデレ系男子でも自然にくっつける。無料の筋トレになって、ますますかっこよくなるはず。

もしも転んで落ちても、私は地面から自分で車椅子に乗れるから安心して。

ラクではないけど、つらくはない。

工夫して「できる」を増やすことを楽しんでいる。

土砂降りの大雨の日も傘がさせないから、カッパを脱いだり着たり畳んだりの繰り返しで大変だけど、雨の日が大変って、みんなだってそうでしょ？

面倒だなってことがあるから、楽しいことを感じられるし、さらに幸せを感じやすくなる。

どう考えても「楽しいこと」のほうが多いよ？

「どうしてそんなにポジティブなんですか」という質問がSNSにくるけれど、始めたばかりの頃は結構な数で、「かわいそう」というコメントがついた。


「両足を失うなんて、かわいそう」

「無理に笑ってるけど、よく見たら涙目。かわいそう」

「ああいう状態なんだから、明るいのは動画だけでしょ」

もちろん悪意ではないし、傷つけようとしているアンチでもないのはわかる。でも、私はこれが一番、苦手だ。決めつけは、悪口を言われるよりもイヤだ。
〝涙目〟にいたっては「?」でしかなかった。

「え?　これ見てかわいそうって思うの?　こんなに毎日楽しんでるのに?」

私に湧いたのは、怒りでも嘆きでもなくて、「楽しさがちゃんと伝わるような、もっといい発信をしていきたいな」ってことだった。

退院前に、訓練士さんと外に出て、車椅子で電車に乗る練習をした。
エレベーターがある駅ばかりじゃない。
階段しかない駅だと駅員さんを呼んで、昇降機を動かしてもらう。来てくれるまでに時間がかかることもあるし、ピーピーと音が大きいし、幅をとるから、頼むのはちょっと気が引ける。

電車に乗るときは、時間に余裕をもって行動している。スムーズだとうれしいけれど安全第一だし、駅の混雑具合によって待たなきゃいけないのは当たり前。気持ちはどんなときでも、「いつもありがとうございます」だ。

時間はかかるけど、人が案内してくれるぶん、事故前みたいな電車の乗り間違えも減ったし、居眠りで寝過ごしたりしなくなった——ほら、「いいとこ」もあるでしょ？

でも、もっと「ラッキー！」と実感したのは、楽しくて遊びすぎて、終電ギリギリになってしまったときのこと。

私は階段でダッシュできないし、駆け込み乗車はどう工夫しても無理。

「もう、タクシーしかないの？？？」

そう思ったら、見知らぬ男性が私の姿を見て、ものすごい勢いで走って駅のエレベーターのボタンを押し、最短で乗れるように「開」で待っていてくれた。

おかげで滑り込みセーフで、終電に間に合った！

ラッキーで、ホッとして。

何よりも知らない人の思いやりがうれしくて。


できないことや、できなくなったことじゃなくて、できること、自分にあることに目を向ける。

自分でなんでもやるけれど、できないことがあったら手伝ってくれる人に目を向けて、「ありがとう」って感謝する。

私はそうやって、「できること」を増やしてる。

ね？　どう考えてもこの人生は、楽しいことのほうがずっと多いよ。

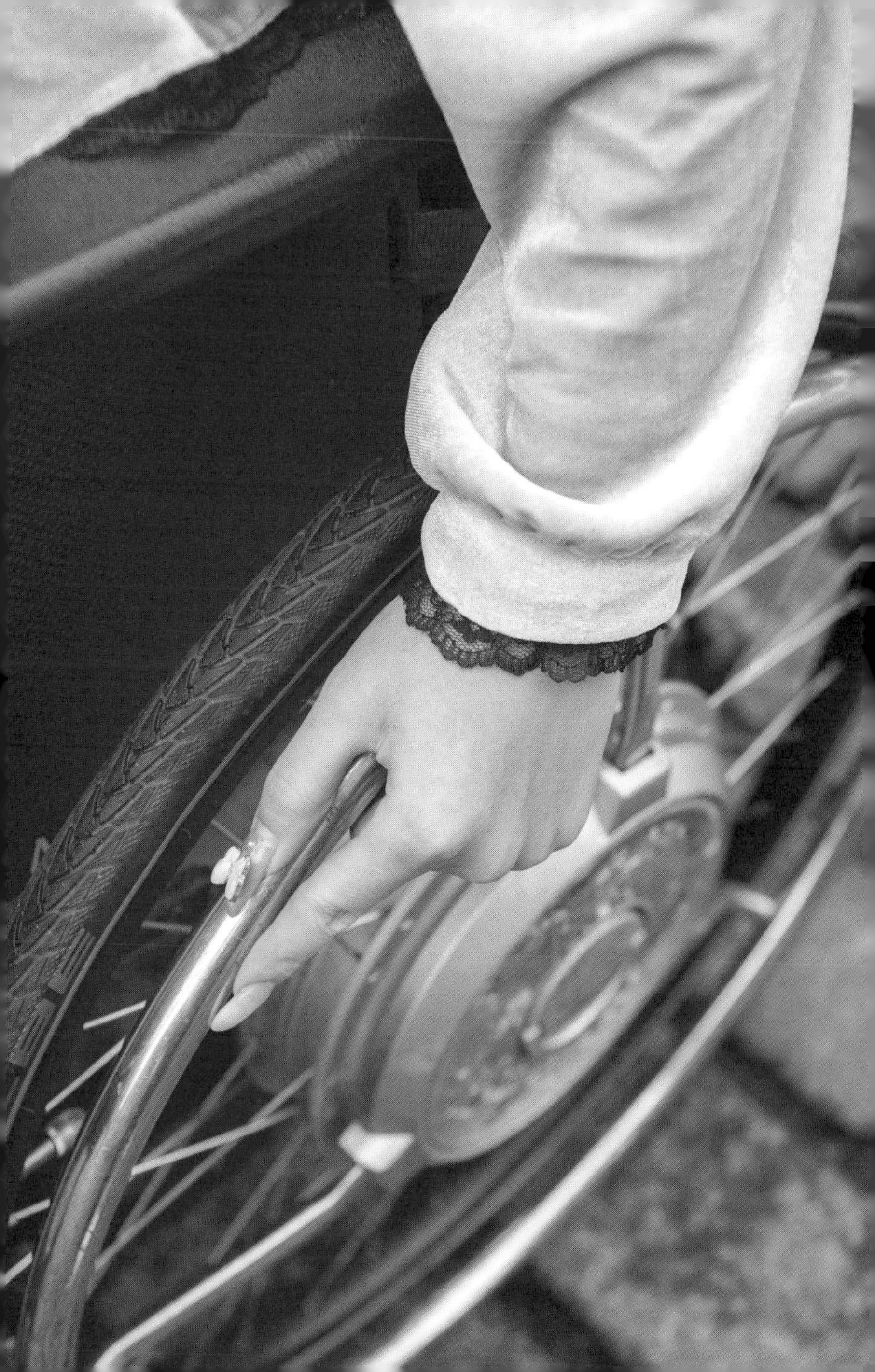

06

何があっても、私は私で変わらない

退院してすぐレンタル車椅子でディズニーに行った話。

「理想どおりじゃない自分」は嫌い？

「自分らしさってなんだろう？」

「ありのままの自分を受け入れて、自分を好きになろう」

これってどうやら、永遠のテーマみたいだ。

「自分に自信なくて、自己肯定感もてなくて」という子もたくさんいる。

私はそういう悩みがあまりない。

「いつも人気者で、かわいいからでしょ？」と、すてきな誤解をしてくださる人もいるけど、そんなことはない。


人気者じゃなかったし、マイペースで、人と違う行動を普通にしていたから、目立つつもりはなくても目立ってしまい、「何？　あの子」と陰口を言われたりした。

モデルのお仕事で「かわいい」と言ってもらうのはうれしいし、何回でも言ってほしいけど、私の理想の顔は自分と全然違う系統だから、特に自分をかわいいとも思わない。

涙袋がないことも、上唇の山がないこともコンプレックスだ。

だけど、これが私だから、私は私のままでいい。

自分のよさは生かしつつ涙袋を描いて、濃いめのリップで唇の山をつくって、いつも「かわいくなりたい」と研究してる。

「理想どおりじゃないから自分が嫌い」で終わるのはもったいない。

だって、自分は一人しかいないよね?

理想に近づく努力をしつつ、「まあいいやん」とマイペースで明るくいく。

そのほうがかわいくいられる気がするし、私はいつも、そういうふうに過ごしている。

人狼ゲームと車椅子のプチ冒険

小児科に入院していたのは、最初に手術をした病院。そのあと、リハビリ病院に移ると個室ではなくなった。

相部屋には、20代初めからアラサーのメンツ。病院はどうしても年配の方が多いから、偶然とはいえ、比較的歳《とし》が近い人たちと一緒になったのがうれしくて、仲よくしていた。

7時の夕食を終え、歯磨き・洗面を早めにすませれば、みんなが集まるデイルームに行ける。大きなテレビがあって、おじさん、おばさんの患者さんはくつろいでいたけれど、若めチームは男子も女子も人狼《じんろう》ゲームで盛り上がる。

一度だけ、正面玄関の横の坂道まで出たこともある。

「車椅子で坂を登る練習はしてないけど、押してもらえばイケる!」

一緒に行ったのは脊髄損傷の子たちだからみんな歩けないけど、男の子の車椅子につかまって、引っ張ってもらった。

手動でも、さすが男子は力が強い！　ささやかな夜の冒険に、ワクワクした。

誰かの退院の前日には、お菓子で「退院パーティー」。

カナブン、トッシー、普通に社会にいたら出会うことがなかった人たちとあだ名で呼び合い、私のあだ名はなぜか「姫」。

「姫、また食堂の冷蔵庫に私物入れたでしょ！　ジュースとチョコ！」

ごめんなさい、16歳の頃の私は、まるっきりクソガキでした！

それでもみなさんに、よくしていただいた。ナースステーションによく行っておしゃべりをしたりして、仲よしの看護師さんが増えていった。

最終ミッションは筋トレ

「床トラ」という言葉を、知っていますか？

車椅子ユーザーならおなじみの「床トランスファー」の略で、床から車椅子に乗ったり、車椅子から床に降りる乗り換え（トランスファー）を、自分でできるようになるということ。

たとえばお風呂に入るなら、車椅子から床に降りて、洗い場でシャワーをして、そのあとまた、床から車椅子に上がらなきゃいけない。

退院後はヘルパーさんなしで生活したい、いずれは一人暮らしをしたい。

日常生活は床に降りることがいろいろある。「一人でトイレに行く」が早めにクリアできた私にとって、「床トラ」が退院のための最終課題となった。

今は毎日やっているから余裕の床トラだけど、最初は怖かった。

車椅子は高さがあるから、ペダルのところに一回降りて、次に床に降りる。なんとか降りられても、上がるのが難しい。

床に降りたあとも、人間は頭が重たいから、頭の位置が傾いていると、ぐらっとくる。腕だけじゃなく背筋も鍛えてバランスをとらないと、前に倒れがちだ。

車椅子の座面のクッションも、高さをその人ごとに調整する。

体重がかかるから、クッションが低くて薄すぎると沈んで痛い。

高くて厚すぎると床トラのとき、高く体を持ち上げることになり、しんどい。

クッションの中身の素材もいろいろで、脊髄損傷の人はジェルが多い――足はあっても感覚がないので褥瘡《じょくそう》（床ずれ）になりやすいから。その点、自然に中身が動くジェルなら、ずっと同じ姿勢でも皮膚がただれる危険が減る。

私の場合は逆で、感覚があって足がないので、自然にジェルが動くとバランスがとれなくなる。低反発クッションやらいろいろ試して、クッションは膨らませて調整できる空気タイプに決定。厚みが必要で、わりと高めになった。

床に置いたクッションから訓練を始めて、徐々に高さを上げていく。風船バレーをしてくれた訓練士さんたちと一緒に、がんばった。

筋力がない私にはしんどかったけど、やり通すと決めていた。

レンタル車椅子でスタバへ、ディズニーへ

ついに、ついに、ついに！　退院が決まった。

車椅子はユーザーに合わせてオーダーするものだ。

たとえば私が今使っている外出用の車椅子は、電動アシスト。手動だと筋力がないからきついし、かといって電動にしたら、せっかく動かせる上半身の筋肉がおとろえてもったいない。

両足がないぶん重心が後ろに傾きやすいから、バッテリーを前につけてバランスをとれるようにした。

一人で外出したときも小回りが利いて、いろんな色の服を着てもコーディネートの邪魔にならない黒一色。でも、さりげなく紫ラメが入っている……つまり、私仕様の特注品だ。

でも、退院したときは、特注品の仕上がりまで、外出を我慢できなかった！

「えええっ、もう外出するの？」

親は心配と驚きで、怒るのを通り越して呆然《ぼうぜん》としていたけど、私は平気。

とりあえず使うことになったレンタル車椅子で、まず向かったのはスタバ。

生クリームが苦手なのであまり魅力を感じていなかったけれど、初めて行ったとき、友だちに無料でできる裏ワザを教わった。

「キャラメルフラペチーノの生クリーム抜き、キャラメル多め」

飲んでみたら、完全にハマった！

高いからしょっちゅうじゃないけど、バイト代が入ったときに友だちと行ったり、

現象が一変する「量子力学的」パラレルワールドの法則

村松大輔 著

「周波数帯」が変われば、現れる「人・物・事」が変わる。これまでSFだけの話だと思われていた並行世界(パラレルワールド)は実は「すぐそこ」にあり、いつでも繋がれる！理論と実践法を説くこれまでにない一冊！

定価＝1540円(10%税込) 978-4-7631-4007-4

生き方

稲盛和夫 著

大きな夢をかなえ、たしかな人生を歩むために一番大切なのは、人間として正しい生き方をすること。二つの世界的大企業・京セラとKDDIを創業した当代随一の経営者がすべての人に贈る、渾身の人生哲学！

定価＝1870円(10%税込) 978-4-7631-9543-2

100年足腰

巽 一郎 著

世界が注目するひざのスーパードクターが1万人の足腰を見てわかった死ぬまで歩けるからだの使い方。手術しかないとあきらめた患者の多くを切らずに治した！
テレビ、YouTubeでも話題！10万部突破！

定価＝1430円(10%税込) 978-4-7631-3796-8

子ストアほかで購読できます。

一生頭がよくなり続けるすごい脳の使い方

加藤俊徳 著

学び直したい大人必読！大人には大人にあった勉強法がある。脳科学に基づく大人の脳の使い方を紹介。一生頭がよくなり続けるすごい脳が手に入ります！

定価＝1540円（10%税込）978-4-7631-3984-9

やさしさを忘れぬうちに

川口俊和 著

過去に戻れる不思議な喫茶店フニクリフニクラで起こった心温まる四つの奇跡。

ハリウッド映像化！世界320万部ベストセラーの『コーヒーが冷めないうちに』シリーズ第5巻。


定価＝1540円（10%税込）978-4-7631-4039-5

血流ゼロトレ

堀江昭佳　石村友見 著

100万部シリーズ『ゼロトレ』と42万部シリーズ『血流がすべて解決する』の最強タッグ！

この本は「やせる」「健康になる」だけではありません。

弱った体と心を回復させます。

自分の「救い方」「癒し方」「変え方」「甘やかし方」教えます！


定価＝1540円（10%税込）978-4-7631-3997-9

電子版はサンマーク出版直営

ケンカして仲直りのタイミングで彼氏におごってもらったり。

たかがスタバかもしれないけど、今までの自分が普通にしていたことをしたかった。病院にいても、親に買ってきてもらうことはできたんだろうけど、フラペチーノは溶けてしまうし、なんと言っても自分で行って飲みたい。

退院後、初めて飲んだキャラメルフラペチーノは、めっちゃおいしかった！


プリクラも撮りに行った。

今なら携帯のカメラアプリがめちゃくちゃ発達しているからプリクラよりずっといいけど、高校生の頃はしょっちゅう撮りに行っていたから。


そして、メインイベントは、ディズニー行き。

行きたくて、行けるなら、仮の車椅子だろうとなんだろうと行く！

それが私だ！　退院後、初めて行ったディズニーは、本当に夢の国だった。

退院してすぐ、自分の車椅子もできていないのに、ディズニーに行くなんて無謀？　スタバやプリクラは「たかが」？

全然、そんなことはないと思う。

車椅子ユーザーになっても、私は私だ。

私はそれを確かめたかったのかもしれない。

ううん、確かめるまでもなく――葦原海は葦原海のままだった！


ポジティブとかネガティブとか、そんなことは別に考えていない。

無理に明るくしようとは思わないし、落ち込むことだってある。

ただ、落ち込んだままでいるのは退屈。とことん落ち込んだら、あとは上がるだけだと考えてる。

私は一度、命が危うくなる経験をした。その後、車椅子ユーザーになって、2度目の人生を違う目線で体験している。そんなおもしろい感じもある。

両足があってもなくても、やっぱり私は私。やりたいことは、やりたいから。

CABARET
CHAUD

両足があってもなくても、
やっぱり私は私。

Lieu jaune
risotto
SERVICE

SERVICE

「理想どおりじゃないから自分が嫌い」

で終わるのはもったいない。

理想に近づく努力をしつつ、

「まあいいやん」と
マイペースで明るくいく。

Cadeaux
Ouvert
CADEAUX

1 7
2 12

3章

「私はまた私に生まれたい」
葦原海はこうしてできた

07

スクールラブより未来を選ぶ

「LINE断絶?」で一番の親友と出会えた、みたいな話。

ハッピー全開の人間関係って、あるのかな？

人間関係に苦労したことのない人っているのかな？

映画みたいなスクールライフを送った子って多いのかな？


たとえば、いつも同じメンツの仲よしグループがいて、集結して遊んだり、推し活の話で盛り上がったり。

たとえば幼なじみの親友がいて、幼稚園からずーっと一緒でなんでも話せる。お互いの家に泊まりっこしたりして、家族ぐるみで仲よし。

もちろん彼氏はちゃんといて、ちょっとクール系だけど基本やさしい。デートは割り勘、特別な日はおごってくれる。


なーんて。

そういう夢のスクールライフに私も憧れたし、楽しくて気まずさゼロの夢みたいな人間関係もあるかもだけど、みんながみんな、そうじゃない。

憧れは「幼なじみ」と「スクールラブ」

親の仕事の都合で転校ばかりしていた私は、幼なじみに憧れていた。

小中高全部、入学した学校と卒業した学校が違うから、ずーっと一緒の子もいないし、思い出もない。

先日、幼稚園の友だちと久々に会ったけど、幼なじみとはちょっと違う。「古くからの友だち」ってだけで、まったく会っていない空白の期間も長い。

ドラマを見ていて、「最初はただの友だちだったのに、いつの間にか……」という幼なじみの恋のストーリーがあると、うらやましくて。

私には無理だったから、憧れたのはスクールラブ。

同じ学校に彼氏がいて、帰りに制服デートしたり、昼休みを一緒に過ごしたり、「いいな～」と思っていた。


実際の中学時代の彼氏は、落ち着いてる大人っぽい人。

私は一人の人と長くつきあうタイプで、ずっと仲よくしてた。お互い束縛しないから、私が男子もいるグループと遊びに行っても怒らないし、ケンカをしたこともない。嫉妬という感情がどういうものかさえ、わからなかった。

あとで聞いたらその彼は、私が遊びに行くとき、メンバーの男の子に連絡していたみたい。


「みゅうが危ない目に遭わないように、ちゃんと帰してね」


別れるまで知らなかったけど、本当に大人ですてきな人だった。

大人って年齢じゃなくて、10代だって「心が大人」の人っていると思う。

もちろん未熟な部分もたくさんあるけど、「人間の根っこが大人」って若い子も、きっといる気がする。

〝卵の真ん中〟には何がある?

高校1年のときのこと。

月曜から続いた中間テストを終えた金曜日が、遠足だった。場所はディズニーランド。適当に班をつくって、自由行動だから楽しみにしていた。

木曜の午後、テストが終わってホッとしたタイミングでLINEが来た。

「LINE変えたから、新しいアカウントはこれ」

相手は、他のクラスの男の子。ちょっと知ってる程度だけど、せっかく連絡してくれたから新アカウントにLINEしたら、話題はディズニー遠足に。

「同じ班の友だちといろいろあって、実は一緒に回るのがイヤなんだよね」

「え？　そんなら俺らと回らない？　男ばっか4人だけど」

「でも、女子1人で交じるのもな〜」

たまたま私と同じような女子がいたので声をかけ、男4人、女2人の班ができあがった。

遠足当日。私は当時ディズニーキャラではスティッチが一番好きで、スティッチのパスケースを探していた。今みたいなショップを検索できるアプリはなくて、ランド内のどこに売っているのかわからない。

お土産《みやげ》を買う時間、班はいったん解散。最初は女の子と2人で探していたけど見つからず、1人で探してもやっぱりない。

「何探してるの？」

声をかけてきたのは、急ごしらえの班に誘ってくれた男の子。店の場所をキャストさんに聞いてくれて、「みんな集合！　ファストパスでスペース・マウンテンに乗れるよ」と連絡が来ても、ずっと一緒に探してくれた。

無事にパスケースを買えたあと、「どうせまだみんなスペース・マウンテン乗ってるよね？」と、２人で別のアトラクションに２つも乗ったり。

やさしい人が好きな私としては、高評価——友だちって感じだったけど。

翌日は長電話。次の日にもまたその子から電話がかかってきて、「好きな人がいるんだ」と相談された。

「誰誰？？？　誰にも言わないから教えて！」

いろんなヒントが出たけれど、わからない。

「じゃあさ……卵」

「卵？　卵ってなんだよー。わからんし」

「卵の、ほら、真ん中のとこだよ」

「え、卵黄？」

電話は切れて——しばらくしたらＬＩＮＥが来た。

「きみ」

平仮名でそれだけ書いてあった。

「あ〜、確かに卵黄を黄身とも言うね」

日常生活では「黄身」という言葉を使うかもしれないけど、お菓子づくりが趣味の私にとっては、卵といえば卵黄と卵白しかありえない。

我ながら、笑ってしまった。

すぐにつきあう感じじゃなかったし、ＬＩＮＥで告白もなんかイヤだ。

彼が直接会って告白してきた日、私は後輩の応援のために地元中学の体育祭に行き、なんとそこで別の学校の人にも告白された。１日に２人に告白されるなんて、もしかするとあれが私のモテのピークだったかもしれない。

中学時代の彼とは別れていたし、どうしようか悩んだけど、同じ学校の子とつきあいたい！

だって私の憧れはスクールラブ。一緒にパスケースを探してくれたやさしい彼とつきあうことになった。

「友だちと縁を切る」ってそんなに悪いこと？

事故に遭い、スクールラブの日々は中断になったけど、私は復学を目指した。

手術を受けた最初の病院では院内学級で勉強。リハビリ専門病院に転院してからは、病院のスタッフさんや親に送り迎えをしてもらって、特別支援学校に通った。高校を休んでいる間の単位を稼ぐためだ。

「葦原さん、戻ってきて大丈夫だよ」

高校の先生たちも言ってくれて、入院中、両親と学校に行ったことがある。土曜だったか日曜だったか、見慣れた校舎はがらんとして、まるで知らない学校みたい。通っていた頃はおしゃべりしながら普通に歩いていたから、エレベーターがないとか意識したことがなかった。

体育は見学するとして、家庭科、美術、教室の移動は結構ある。それでも先生たちはやさしかった。

「教師4人で車椅子を運ぶから、全然いいよ。大変と言えば大変だけど、できないわけじゃない」

結局、その高校には復学しなかった。入院中に通っていた特別支援学校から復学するなら、単位が足りなくて留年と決定したからだ。

「早く大人になりたい、早く社会に出たい」

この思いが強いから、みんな一緒のスクールライフより自分の道のほうが大事。特別支援学校に〝転校〟し、無事ストレートで高校卒業の単位をとった。

みんなと一緒って、そんなに重要？　——私は違うと思ってる。

たとえば中学を卒業したとき、私はＬＩＮＥのアカウントを変えている。「変えたよ」と、特に連絡せず、ほとんどの子はそれっきりになった。


ＬＩＮＥを変えて連絡もとらなかったら、「友だちと縁を切った」みたいな悪口を言われるかもだけど、言われたとしても別に気にならない。

だいたい「クラスメイト」と「友だち」は違うと思っている。


こういう性格だから、私は友だちがものすごく少ない。

おしゃべりは大好きだけど、休み時間のたびに必ず誰かと話すのも疲れる。

たまには一人でいたいときもあって、スマホをいじったり突っ伏して寝てたりした。それをほっといてくれるような、距離感があるつきあい方が好きだ。


だから退院後、前の高校に復学できなくても、いいやと思えた。

だって「とりあえずの友だち」より、「未来の自分」のほうが大切だから。

雪の日にあった「いじめ」

人間関係の悩みは尽きないから、いじめられたり、同じグループなのに急に外されたり、SNSでイヤなことを書かれていたり、凹《へこ》むこともあると思う。

必死になって、「なんとか好かれよう」と、合わせてしまうかもしれない。

その子たちが一生つきあいたい友だちなら、合わせてもいいのかも。

だけど、本当にそうなのかな?

遠い未来まで友だちでいるのかな?


小学生のとき、いじめにあったと書いたけど、中学でもいじめはあった。

「小学生とは年齢も違うし、方言もかなり直ってきてるし」

そう思って中学に入学し、またまた転校したら、なぜか注目されてしまった。

休み時間に他クラスの人が何度ものぞきに来て、「みゅうちゃん」とちゃん呼び。

私にしたら「何それ？」だ。

だって「はじめまして」だし、まだ友だちでもないやん！

求めていないのに勝手に寄ってきて、いきなり距離を詰めて「合わせろ！」と言われても無理だ。

私は引いてたけど、相手の子たちも「えっ？」だったんだと思う。

「せっかく友だちになってあげようと思ったのに、愛想悪い、ノリが悪い」

これじゃ、うまくいくはずもなかった。

そのうち仲のいい子もできたけれど、あの冬はめちゃくちゃ雪が降った。

校庭も真っ白で、体育の授業は「雪で遊ぼう！」みたいになった。

体育は好きじゃないから、私はおとなしめの子と固まっていた。雪は楽しいけど、大人数での雪合戦みたいなのは興味なかった。

何がきっかけかは覚えてないけど、私の長靴に一人の男子が雪を入れた。

意味不明で「？」と無反応でいたら、別の子も雪を入れてきた。

これは遊び？　授業？　ウケ狙い？　まじで意味がわからない。


そのうち長靴の隙間からパンパンになるまで雪を詰められ、重たくて足が持ち上がらないほどになった。

よろよろ歩いていたら、みんなおもしろがって、どんどん雪玉を投げてくる。

雪合戦をしていたならわかるけど、見ていただけの私、長靴に雪を詰められて困っている私に、なんでこんなことをするんだろう？

謎すぎて抵抗すらせずにいたら、びしょびしょだし歩けないしで次の授業に遅れ、仕方ないから保健室に行った。


「どうしたのこれ⁉　何があったの！」

びっくりした保健の先生が心配して聞いてきたので、淡々と起きたことを告げた。私としてはいじめられたというより、ひたすら不思議だったから。

そのうち「誰がやったの?」という話になり、担任に連絡が行き、担任が〝犯人〟たちを呼び出し、私は〝チクったうざい女〟になり……。

関わろうとせず、抵抗もしなかったのに、あの雪の日をきっかけにいじめが始まり、エスカレートしていった。

いじめについて詳細は書かないけど、わりとえげつないものもあった。

「自分という親友」を大事にする

映画みたいな幼なじみやスクールラブに憧れたあの頃。楽しいこともたくさんあったけど、実際は、映画とはかなり違うスクールライフを送った。

いじめにあったり、LINEで中学時代のつながりをバサッと切ったり、事故後はそれまでの高校から、特別支援学校に転校したり。

だから、「友だちとうまくいかない」とか「人間関係で悩んでいる」というコメントをよくもらうわりには、いいアドバイスができない。

「なんでも答えるよと言ってるし、せっかく聞いてくれるのに、申し訳ないな」ときどき悩むけど、仕方ないのかな、とも思う。


だって悩みは人それぞれだし、みんな生活スタイルは違う。

たとえば、「ずっと地元で育って、就職して」って人と、「転校ばかりしていて今は全国を仕事で移動する」って私とは、経験が違う。

私の考え方が、全員に当てはまるとは思えない。


恋の悩みを相談されたりもするけど、うまい答えができるわけじゃない。

一人の人と長くて恋愛経験が豊富じゃないし、なんてったってまだ独身。

結婚していて自由に動けない人へのアドバイスもわからない。

ベストの答えなんて出せないし、経験していないことは想像もつかないし、知らないくせにかっこつけて、いいかげんなことは言いたくない。

私はたぶん、人に寄り添うのが得意じゃないし、カウンセラーの役割はどう考えても無理だ。

だから「私は、こういう環境で育って、こういうふうな考え方で、こういうことを思って、こんな行動をした」とありのままを正直に伝えるだけ。

だけど、それでみんなに何かが伝わって、「ヒントになった」と聞くと、ホッとする。

その前提で言うと、人間関係がうまくいかないとき、私はこう考えた。

「この空間が一生続くわけじゃない。割り切ってつきあおう」

友だちとの関係で苦労して、いじめにもあって、「こうしなきゃ」とか「こうしたほうがいい」ばっかりでヘトヘトになりかけたとき、私はこう考えた。

「自分を一番大事にしよう。素の自分、こうしたいと思う自分を大切にする！」

私の性格をひと言で言えば、わがまま。

一つのことに集中する性格で、超がつくマイペース。

自分が好きなこと、強くこだわっていることを考えている時間が好きだ。

どんな友だちよりも、一番長くつきあっていくのはこういう「自分」で、私はその自分を大事にしたい。

「自分はこうあろう！」を選んだら、自分を一番大事にできるようになったよ。


「ただの知り合い」にまでいい顔をしなかったから、今の自分がある。

「ただのクラスメイト」なのに「友だちのフリ」をするのをやめたから、私は一番の親友に出会えたんだと思う。

「自分という親友」に。


一番の親友は自分だけど、なんだかんだ言って、大人になった私は、数は少ないけどいい友だちに恵まれている。

そして恋愛のほうはといえば――ここ数年、彼氏いない歴を絶賛更新中です。

08

誰かと過ごす時間はムダにできない

友だちとは愚痴じゃなくて「未来の話」でつながりたいって話。

ディズニーは〝ディズニー友だち〟と

私は「ポジティブですね」と言ってもらうことが多い。もともと前向きな性格だけど、お仕事を始めて、いろんな人と出会ったことも大きい。視野や価値観が広がると、目の前の悩みにとらわれないから、落ち込みにくくなる。

人のいいところを吸収すれば、ネガティブにならずにすむ。

私は両足を切断したけど、もしかしたら命を失うところだった。せっかく生きられたので、楽しんで生きていきたい。

もう一度もらった人生の時間を、ムダにしたくないと思ってる。

ディズニーはディズニー友だちと行くことが多い。その中に、仕事仲間だけど、プライベートでも遊びに行く人がいる。

20歳くらいからのつきあいで、5年くらいは続いている。一緒にディズニーに行く人は一握り。私のこだわりが強すぎて、合う人が少ないからだ。

「次回はこのテーマでコーデしたいんだけど、どうかな?」

ディズニーに行くときは毎回テーマを決めるけど、その人はまずイヤがらない。「いいね、おもしろそう」みたいなノリでOKしてくれる。

とはいえ、私ももう「姫」と呼ばれた16歳じゃないから、さすがにピンポイントで「このキャラクターをやろうよ!」と言ったりしない。

仮に「ティガーのコーデしようよ」と言ったら、オレンジの服が必須で、持っていなければ買わなきゃいけないよね?

キャラクターによっては、男性は持っていない色合いで大変だから、3つくらいの候補を挙げて、「どうかな?」と聞くことにしている。

私が『ふしぎの国のアリス』のコーディネートをしたとき、その人はマッドハッターのコーデをしてくれてかなり盛り上がった。

いい感じの写真になってうれしかったし、気づいたキャストさんに「素敵なコスプレですね」と声をかけてもらうほど、完成度が高かった！

強烈な「こだわり」、受け入れ可？

私の場合、シーもランドも回り方にこだわりがあって、「このシーズンのこのアトラクションは混む」とか、「雨だからここのエリアが混む」という情報はすでに経験値にあるから、それらを避けてムダなく回る。

ぷらーっと行って、「あっ、バズ・ライトイヤー乗りたい」とか適当な人は無理。

「今の時間に空いてるのはイッツ・ア・スモールワールドだから、まずそれ乗ろうよ。バズに今乗ろうとしたら、めっちゃ並ぶやん」

こういう提案に、「そうだね」と、すんなりOKできる人がいい。

SNSをやっているからスイーツの投稿も多いけど、私はぶっちゃけ甘いものが得意じゃない。かわいいから買うし、もらうのもめっちゃうれしいけど、好物はじゃがりことという「しょっぱい系」。

だけどディズニーとなれば話は別で、事前に調べた期間限定メニューは、「正直、完食は無理だよね」と思いながら、写真用に買ってしまう。

だから一緒に出かける人は、甘党が大前提。

なおかつ2人で1つしか買わないので、潔癖症の人はダメ。〝シェア食べOK〟で、なんなら私が残したものまでぺろっと食べてくれる人がいい――もったいないから。

先日は「ミニーちゃんカップケーキ」を買ったけど、私は写真だけ撮って終わりで、あとはみんな彼が食べてくれた！

なおかつその人は、タバコを吸わない。「スモーカーは無理」ってわけじゃないけれど、ディズニー滞在中は1分1秒をムダにしたくない。

さらにその人は、トイレの回数がめちゃめちゃ少ないのも高ポイントだ（笑）。

私はディズニーに行くと、尿意が激減する。10回ディズニーに行ったら、たぶん9回ぐらいはトイレなし。楽しくて尿意を忘れちゃうらしい。

男でも女でも、お互い「自分勝手」ができる友だち

ここまで書いたところで読み返して、我ながら「なんやこれ？」と思った！

わがままだと読者のみんなにドン引きされるかもしれない。でもラッキーなことに、相手は私のこういうわがままを、押しつけだと思っていないようだ。

彼はディズニーもコスプレも甘いものも好きで、私と同じくらい楽しんでいる。

尿意は書かなくてもわかると思うけど絶対条件じゃなく、あるとき偶然気がついた。

「そういえばうち、今日トイレ行ってないから駅で行きたい」

「あ、そういえば俺も行ってないかも」


それで「いろんな感覚が一緒やん！」みたいになった。

仕事は仕事できちんとしているし、彼も本当に楽しんでいると思う。そうじゃなきゃ、恋愛関係抜きにディズニー行きが5年も続かない。


その人とは別に、ディズニー専用友だちがいて、高校時代の同級生だ。

車椅子ユーザーになった私はもう同級生じゃなくなっていたけど、SNSでたまたまお互いディズニー好きなのを知り、一緒に行くようになった。

あれから数年、彼とはごはんに行ったこともないし、20歳を過ぎても一緒にお酒を飲んだこともない。ディズニー以外のつきあいはゼロだ。

その子は純粋にディズニーが大好きで、男子同士で行っても公式グッズを上手に組み合わせ、センスがいいコーデをする。

一緒に行くようになったのは七夕《たなばた》イベントがあった頃で、スティッチ推しの私はスティッチ柄の甚兵衛、カチューシャ、パスケースを合わせた。

私の姿を見た彼は、ショップで水色のリボンのカチューシャを買った。

ディズニーといえばミッキーの「耳つきカチューシャ」だけど、当時リボンだけついた「ミニーちゃんカチューシャ」があり、女子同士でカラーコーデをするのが流行《はや》っていた。

彼が5色ある中で水色を選んだのは、スティッチコーデにさりげなく合わせてくれたのだ。

私にとってディズニーは「思いっきり自己中になる場所」。

だからこそ、相手が無理して合わせてくれたなら、申し訳なくて楽しめない。

ディズニー好きな彼らも、多少は合わせてくれていると思う。だけど、心の底から楽しんでいるのも本当だから、ラクで楽しくて心地いい。

お互いに無理な我慢はせず、基本は自分の好きなように自由にして、でも心地いいから一緒にいる。男でも女でも、そういう関係っていいと思う。

今の不満じゃなくて未来の話がしたい

「今、一番気が合うかな?」と思っている子は、しっかり自分をもっている子。自分の未来に楽しみを抱いている同い年の友だちだ。

年齢的に恋バナや結婚の話もするし、その子は推し活をしているから推しグループの話もするけど、お互いの仕事の話をしているときが一番楽しい。

彼女は大学を卒業して、飲食関係の会社に就職した。自分をしっかりもっていて自己主張をする子だから、物事を深く考える。

先輩や上司への愚痴が出ることもあるけど、彼女は愚痴で終わらせない。「会社のそういうところがイヤなんだよね」と言ったあとに、「じゃあ、なんでその職場にいるのかな？」と自分を振り返ることができる子だ。

「いずれ辞めようと思っているけど、それは自分が成長できてからだね」

今の不満だけで終わらせず、未来の話ができる子だから、退職した今は地元に帰って農業をやっている。農家さんになりたいわけではなく、いずれ有機野菜を使った何かをやるという展望もあるみたいだ。

お互い仕事をがんばっていて忙しいし、物理的に離れているから、やっぱりしょっちゅう会うことはない。職業も全然違うから、共通点もあまりない。

それなのに久しぶりに会えば、それぞれががんばっていることを共有できる。限られた人生の時間を一緒に過ごす相手だから、お互いに無理なく、大切な人とだけつきあいたい。楽しい時間を過ごしたい。

いろんな人の価値観や影響にふれて私が変わっていくのなら、私も誰かを変えている。

男でも女でもそれ以外の人でも、自分を成長させてくれる相手と出会いたい。

そして自分もいつか、そういう人になっていたい。

09

ポジティブ家族じゃなくていい

足を姫にあげて、「うちの餃子」が一番だと気がついた話。

全然性格の違う家族たち

私は直感型だけど、それでいて冷静に理由も考える。

これはたぶん、両親の影響もあるんだろう。

直感と冷静な理由のセットで、朝の服、お仕事のオファー、これからどうやって生きていくかなんて大きいテーマまで、いつもいろんな選択をしている。


どっちを選ぶか、何を選ぶか、それは自分で決めるしかない。

いくら迷っていても選ばなければ、前に進めない。

難しい選択をしたとき、それが正しかったかどうかの答え合わせはできないんじゃないかな。

だから私は「できること」「やりたいこと」を選んで前に進むと決めている。

なんでも理由を求める父

私は相当に明るいけど、うちの家族はそうでもない。
学校や地方自治体の講演だと、「ご両親のお話を聞かせてください。葦原さんはすごくポジティブだから、家庭で前向きな教育をされたんでしょう？」と聞かれるけど、答えに詰まる。強いて言えば「すごく普通」だ。

父は理屈っぽくて、物事にいつも理由を求める。
たとえば中学時代、癖毛に悩んでいた私は、スチーム機能つきのヘアアイロンが欲しかった。単に「欲しい」じゃ絶対に買ってもらえないから、まずは理由をきちんと伝えないといけない。

「髪の毛は大事だからきれいにしたい。短くしたらって言うけど、長いほうが重みで髪がまとまるんだよ。ヘアアイロンは高いけど、1回買えばずーっと縮毛矯正に行かなくてすむから逆に安い。11月の誕生日プレゼントとクリスマスプレゼントを合わせたってことで、お願いします！」

理由を組み立てて説明し、本当に納得すれば、父は許してくれる。

そういえば私は直感で行動するところもあるけど、「その先」を考えることもかなり多い。

「これは誰かや社会のためになってるのかな？　私じゃなきゃできないことかな？　大事な時間を使ってやる価値はあるのかな？」

お仕事でいろんな依頼をいただいたとき、立ち止まって考える癖がついたのは父の影響だと思う。

正反対の妹は清楚系

妹は父に似ていて、小さい頃から落ち着いている。

何かするとき、私は「できる前提」、妹は「できない前提」で考えるタイプ。

それでもたまに、明確に「これはできる」と思うことがあると、妹は冷静に筋道を立てて説明し、みんなを納得させてしまう。


基本的に正反対の姉妹で、私は洋服が大好きだけど、妹はコスメ好き。私はギャル系の「巻き髪&濃いメイク」が好きで、妹は「黒髪ストレート&ナチュラルメイク」の清楚《せいそ》系大学生。

妹は私が大好きな美術が苦手で、昔はよく宿題を手伝った。逆に私は小学校のリコーダーが精一杯なのに、妹の趣味はアコースティックギター。YouTube を見ただけでマスターし、楽しそうに弾いている。

体育が大嫌いで料理が好きな私、リレーの選手で裁縫好きな妹。

私は理系が得意だけど、文系の妹は英語が好きでアメリカにホームステイ。

ＳＮＳにも妹は興味がないらしく、私のインスタすら見たことがないと思う。

母はいまだに心配性

どちらかといえばネガティブな母は、私が何かしようとすると即！　心配する。

「みゅう、危なくない？　退院したばっかりだし、レンタルの車椅子は体に合ってないし、転倒防止バーもついてないでしょう。ディズニーはちゃんと自分の車椅子ができてからにしたら？」

「みゅう、大丈夫？　出張は誰と一緒なの？　いくら現地でアテンドしてくださる方がいても、一人で現地まで行くなんて大変でしょう」

さすがにもう言わなくなったけど、車椅子ユーザーになったばかりの頃や、フリーで仕事を始めた頃は、毎回毎回、心配&否定だった。

私が一人暮らしを始めても、母の心配性は続いている。


「もしもし、みゅう？　明日出張なら荷物は詰めたの？」

「まだだし、いつも直前にパッキングするの、ママも知ってるやん」

「早めにやっておけばいいのに、忙しすぎるんじゃないの？　ちゃんと休みなさいね。頼まれたお仕事を全部やるんじゃなくて、断ることも大切よ」


徹夜でパッキングして電車で寝るのが私のやり方だし、そろそろ休まないとやばいと気づいているし、言われなくても仕事はちゃんと選んで減らしている。自分でもイヤになるほどわかっていることをいちいち言われるので、「疲れているからもう切るね！」とイライラしてしまう。

本当にありふれた、母と娘の典型的なパターン。


母は就職で東京に出てきて、父と出会って結婚。出産し、20代を遊ぶこともなく、子育てをして過ごした。今も働いているけど、会社員だ。

娘の私はフリーランスで、道のない道を切り開いていて、25歳でまだ独身。

時代も経験もまるっきり違うから、わかり合えない部分がたくさんある。

「SNSは怖いから個人情報をあげたりしちゃダメよ」

昔から母は警戒していて、私にも危機管理意識ができたのはありがたいけれど、母が見るのはYouTubeくらい。しかも、お菓子とかわいい犬の動画ばかり——私の投稿は、たまたまバズったとき「あら」と気がつく程度らしい。

感動ストーリーを求めている人には申し訳ないけど、やっぱりあっさりした普通の家族なのかもしれない。

切断した足ってどうしたの?

そんな普通の家族も、難しい選択を迫られるときはあり、私が事故に遭ったことも、その一つだと思う。

「切断した足はその後、どうしたんですか？」

あるときSNSに、こんなコメントがついた。切った足は今でも保存しているのか、それとも火葬したのか……。考えたことすらなく、親に聞いてみた。

「火葬したよ」が答えだった。

これは自分で選べるそうで、冷凍保存しておく人もいるらしい。

いつか医学が進歩して手術できるまで取っておくため、自分が死んだとき、お棺に入れて一緒に焼くため、それぞれ理由はあるらしい。

火葬も、自分の足だけ単独で焼いてもらうか、他の人の摘出した臓器なんかとまとめて焼いてもらうかが選べる。まとめて焼いたほうが安いらしいけど。

「切断した足はその後、どうしたんですか？」

この質問は失礼でも無神経でもなく、知らないことを考えるきっかけになってよかった。人それぞれ気になる点も違うし、思いつくことも違うからこそ、素直な意見は貴重だと私は思っている。

せっかく調べたので、知識はどんどんシェアしたい。

足の火葬の説明動画を投稿したら、「この動画だけ涙目」とか、「苦しそうにしゃべっている」というコメントがたくさんついた。

知らなかったことを知れてうれしい私に、悲しさは1ミリもなかったし、前に書いたとおり「かわいそう」と勝手に決めつけられるのが大嫌い。

だけど、もしそう見えたなら、親のことが頭の隅にあったのかもしれない。

足があってもなくても私は私だ。

生まれ変わっても、私は私に生まれたい。

その気持ちに嘘《うそ》はないけど、両親の気持ちはきっと違う。

健康体に産み、風邪も引かない丈夫な子に育てたのに、両足を失うことになった。

こういう性格の娘が完全に吹っ切れていても、普通の性格の親はそうじゃないから、事故のことはあまり聞かない。思い出させるのは残酷だ。

「足を切るか・切らないか」は、とても大きな選択だ。

回復するわずかな望みにかけて足を残しておくか、傷口から全身に感染症が広がる、命の危険を避けて切断するか。

私は意識不明だったから知らないけど、元気で外出ばかりしていた16歳の娘の足を切断するかどうか、両親は本当に悩んだだろう。

想像しかできないけど、とてもつらい選択だっただろう。

「足を切るか・切らないか」なんて、意識が仮にあったとして、私は自分じゃ選べなかった。

どれが正解かはわからないし、そもそも正解なんてないと思う。

だからこそ「足より命を優先する」と考えて、私の代わりにつらい選択をしてくれた両親に心から感謝している。

気がついたとき、足はもうなかった。

だから私は受け入れられた。お母さん、お父さん、本当にありがとう。

足はなくしたんじゃなくて、「あげた」

足の話を続けると、私のブログやTikTokのタイトルは「足は姫にあげた」だ。

数年前の冬、ディズニー公式グッズにアリエルのブランケットがあった。他のキャラクターもあったけど、アリエルのだけ人魚みたいに見えるように、筒の状態になっていた。


みんなは家でくるまるんだろうけど、私は車椅子だから外でも使える！ スティッチ推しでも、プリンセスの中で一番好きなのはアリエルだな……。

さっそく買って、気がついた。

「足がないの、アリエルとおそろいやん」

私は16歳で足をなくしていろんな活動を始め、声が注目された。「変わってる」「かわいい」「声優みたいな声」って。

人魚姫のアリエルは16歳で恋をして、美しい声と引き換えに足をもらった。

じゃあ、「私の足は声と交換した」そう思えばいいんじゃないかな?

いろんなストーリーを考えたけど、私の足がアリエルの足になった――ポエマーじゃないから、そこまでは思わないよ。

でも、「足はなくしたんじゃない、姫にあげた」と考えるほうが気分がいい。

足は姫にあげた、その代わりに私は声をもらった。

たくさんの人に、たくさんのことを届けられる声を。

好きな「うちの味」ベスト3は？

私には、どんなお店よりも好きな「うちの味」が3つある。

1つ目は卵焼き。

お店のだし巻き卵も、お弁当によく入っている甘い卵焼きも口に合わず、ひと口で残してしまう。どうしてかわからないけど、母がつくったほんのり甘い卵焼きしかおいしいと思わない。

2つ目はミートソース。

いろんなお店で食べるけど、うちのミートソース以上に好きなものはない。

そして3つ目は餃子《ギョーザ》。

私は餃子がおかずの中で一番好き。皮は炭水化物、具は野菜と肉で栄養が全部そろっていて、おなかもいっぱいになるし完璧だ。

仕事であちこち地方に行くと、おいしい餃子の店に連れていってもらうし、福岡の鉄鍋餃子みたいな名物はチェックする。

去年は餃子の街・宇都宮に行き、少食にもかかわらず3、4軒回った。

現地で案内してくださった主催者の方やスタッフと食べ比べ、私はダントツ、最後の店の餃子がおいしかった。


「ほんのり味噌《みそ》味のやつ!」


味噌の販売もしている餃子屋さんで、それは「うちの餃子」に似ていた。

我が家の餃子は皮はスーパーで売っている市販のもの、具はひき肉にキャベツにニラ。そこにほんの少し、味噌が入っている。

本当に普通だけど、ちょっぴり変わった隠し味がある、うちの餃子。

私はそれが一番好きだ。


葦原海をつくって育ててくれたのは、友だち、元彼、学校や病院の先生、看護師さん、療法士さん、仕事仲間、尊敬する人や応援してくださる人、そして家族だ。

普通の餃子をつくる普通の家族は、これからどんどん変わっていく私にとって、ちょっとウザくてホッとする存在なんだと思う。

餃子に味噌はおいしいから、ぜひぜひ試してみてね！

4章
世界がバリアフリーじゃなくても、私は私の役目を生きている

10

偏見や思い込みって、やっぱりいらない

歌舞伎町でナンパされて、〃バリアフリーじゃない自分〃に気づいた話。

自宅を出てついに念願の一人暮らし

インスタにもあげているけれど、一人暮らしだからまめに料理をしている。簡単で映えるのはガパオライス。お正月にはミニおせちとお雑煮をつくった。もも肉じゃなく胸肉を使う唐揚げは母のレシピだけど、揚げ物は大変だから、最近食べていないかも。

「辛いもの大好き！」という女の子が遊びに来たときは、グリーンカレー。グルテンフリーのペーストを探して、あえてココナッツミルクもなしで激辛スパイシーに。

スタッフが打ち合わせに来たときは、玄米に味噌《みそ》汁、ポテトサラダとコンニャクの甘辛煮、フルーツ。豚汁もよくつくるし、普通のごはんを食べてもらう。

料理は子どもの頃から、お手伝いをしていて自然に覚えた。

家庭科の調理実習で習ったことも覚えているし、クックパッドや料理動画も活用している。

父も母も料理をよくするけれど、改めて教わったという感じでもない。


中学時代はすでに「高校を卒業したら一人暮らしをする」と決めていた。

専門学生のときは寮生活。

門限に遅れると反省文を書かされたし、自分で洗濯しなきゃいけなかったけど、親から離れた新しい生活は自由で楽しかった。


社会人になったら、再び実家暮らし。すぐに一人暮らしをしなかったのは、「働きながら家事も」って生活をいきなりするのは無理だと考えたからだ。

お金のこともあるし、体力がもつかもわからない。片道2時間、往復4時間かけて通勤していた――一人暮らしを夢見て、小物や食器を集めながら。

退院したときいろいろ相談したけど、実家はバリアフリーにしていない。入院前は2階だった私の部屋を1階に移動させたくらいだ。

私はある程度動けるから、トイレやお風呂は問題ない。床トラをして腕で移動していけるように台を置いたりして、大きな工事はしなかった。

ただし、実家は道路から玄関まで階段がある。

大豪邸じゃないから、もしそのままスロープにしたら、公園のすべり台みたいに急になって逆に危ないだろう。リビングの窓から出ることにしたけれど、そのときだけは親におんぶしてもらうことになる。

外に出るたびお願いするのは、結構きつい。

私は小柄なほうで、両足を切断してから体重は30キロ前後。重さの面での負担はマシかもしれないけれど、問題は自由に出入りできないことだ。

たとえば私が「土曜のお昼に約束がある」として、親は「仕事で朝8時に家を出る」という予定なら、私も朝、一緒に家を出なければいけない。

朝早くに慌てて支度をし、約束まで常に時間を潰すのは不便だった。

モデルを始めてからは時間が不規則だから、さらにタイミングは難しくなった。遊びでも仕事でも遅くなると、駅からのバスがない。親に電話をし、寝ているところを起こして迎えの車を出してもらうのは、申し訳なかった。

コロナになったら外出しないからよさそうだけど、1階に自室があるからZoomの打ち合わせ中、リビングの生活音が入ってしまう。

話し声、テレビの音、犬の吠える声。

実家のパピヨンはなぜかコードに吠える癖があって、私がヘアアイロンを使うとワンワン騒ぎ始める。

ラジオの収録があったときは、「40分間、絶対に吠えないで!」と、父の部屋に連れていってもらったりして、かわいい犬なのにストレスになっていた。

「これはいよいよかな」

イベントがないので物件を内覧する時間もできたし、「自宅が仕事場」と考えたら環境を整えたい。こうして2021年秋、私は一人暮らしを始めた。

車椅子ユーザーにやさしい賃貸物件って？

予算の都合もあるから、バリアフリー物件ではない普通の賃貸で、暮らしやすい部屋を探した。まずはマンション入口の段差チェック。たった2、3段でも、車椅子だと厳しい。

間取りより駅近より重要なのは、部屋の広さ。若い子はみんなワンルームを上手に使っているけど、室内用の車椅子が通れる幅を考えたら、ベッドやドレッサーをぎゅうぎゅうに置くことはできない。

一人暮らしを始めて、ジュースをこぼしたときは大変だった。

「しゃがむ動作」は、私にとっては車椅子を降りることで、面倒くさい。拭き掃除までできる自動掃除機もあるし、「ルンバ欲しいなあ」と思ったりするけれど、たまったゴミを捨てるのは、面倒くさそうだ。

まあ、これは障がいと関係ない、私の面倒くさがりな性格の問題だよね。

地震や火事が起きたらどうする？

一番やっかいだったのは大きめの地震の翌日、エレベーターが停止したこと。仕事があったから部屋を出て、いつもどおりにボタンを押しても動かない。管理会社に電話をしたら「地震の影響でセキュリティロックがかかっている」との返事。非常階段は使えないし、仕事の時間はじりじり迫ってくる。

「整備会社の係員が点検作業をしないと動かないんです。できるだけ早くと伝えますが、何時に来ますというお約束はできません」

結局、そのときは管理会社の人たちが来てくれた。車椅子は車椅子、私は私で、非常階段を使って下ろしてもらったのだ。なんとか仕事に間に合った！

だけどもう一度、同じことが起きてしまった——日本は地震が多いよね。

「前回は別々に下ろしてくれたんですけど」と、管理会社に電話をしたら、こう言われた。

「賃貸契約のときに、車椅子の特別対応はできない、皆さんと同じように住むならという条件でご理解いただきました。前回は突然だったので非常階段で対応しましたが、よく契約内容を見てみたら、できないんです。というわけで、整備会社が来る時間がわかり次第、折り返し電話します」

私は特別な対応は望んでいない。たとえば「燃えるゴミを玄関ドア前に置いておくから、集積所まで運んでください」なんてことは言わない。

親に電話をしたら、「折り返しの電話が来たら、火事の場合はどうなのか聞いてみなさい」と言われたので、私はそうした。

「火災が起きてエレベーターが使えない場合ですか……そのときは消防隊の人が来るから、命は大丈夫だと思いますよ」

結局、エレベーターが動いたのは遅い時間で、私は仕事に行けなかった。

「やってもらえて当たり前」と考えないし、自分なりの対策をするつもりだ。

部屋の中さえリフォームされていれば築年数は関係ないと思っていたけれど、東日本大震災の前とあとではエレベーターの種類も違うとわかった。震災後はちょっとした地震なら動くものに改良されたらしく、次は築10年以内の物件を探すつもりだ。

一人暮らしで困ることはあまりないけど、想定外っていろいろある。

旅館で「できないこと」だけを書いて炎上

私のSNSにはいわゆるアンチがほぼいないのに、1回だけ炎上したことがある。旅館に出かけたときの初期の動画で、「これは使いにくい」とか、「ここの幅はギリギリ通れる」とか、宿泊するときの車椅子ユーザーの目線を知ってもらいたいという内容だった。

「文句ばっかり」
「できない、できないと言うなら、他の便利な旅館に泊まればいい」
「車椅子って不便で大変だね」

同情してくれる人もいたけどアンチコメントもたくさんあり、「確かにな」と思った。私は車椅子ユーザーしか気がつかない点を伝えたかっただけで、批判するつもりはなかった。だけど伝え方がまずくて、自分の思いと違う表現になってしまった——そう反省して、コメント一つひとつに返事を書いた。

「批判ではなく、改善してもらえたらうれしい点を挙げたかったんです。気分を害してしまったなら申し訳ないです」

それからは注意して、「できない」で終わらせず、必ず「ここが不便、でもこうしてもらえたらありがたい」と改善策を付け加えることにした。

- **ドアからベッドまでの動線**
- **トイレやお風呂のドアの幅**
- **クローゼットのハンガーの位置**
- **ミニ冷蔵庫の上のコーヒーやお茶の位置**

お風呂のシャワーもそうだけど、車椅子ユーザーには高くて届かないものは結構ある。いいホテルの素敵なバスローブも、普通にかかっていたら外せない。

「届かないから困る！　思いやりがない！」じゃなくて、「低い位置に移動していただけると助かります、たとえばこんなふうに……」と、自分で考えた工夫も添えて投稿した。

やがて宿泊施設の関係者から、コメントをもらうようになった。

「私はホテル勤務で、車椅子のゲストも対応させていただいています。でも、お部屋でどう過ごしているかはわからないから、とても勉強になりました」

私はそこまで考えていなかったけど「そうか！」と思った。ホテルや旅館で私も配慮してもらうけれど、入口、フロント、レストランだけで、荷物を運び入れたあと、部屋の中で一緒に過ごすことはない。

こっちが発信しないと、部屋を車椅子ユーザー向けにセッティングする側も、どうすればいいサービスになるか、知るきっかけがないと気づいた。

「車椅子ユーザーがちゃんと言わないとダメなんだ」と投稿を増やした。

もちろん私は「車椅子ユーザー代表」じゃない。感覚がないけど足がある人もいるし、「バリアフリー」と一括《くく》りにまとめようとしても、何がいいかは人によって違う。

● **あくまで一つの意見として言おう**
● **自分が正しいとか、自分中心で発信するのはやめよう**
● **いつも「反対側の立場だったらどうだろう？」と考えよう**

自分なりには、こんなルールにしている。

宿泊施設でもレストランでも駅でも、「障がいがあるから、なんとかしてください！」と一方的に要求されたら、困ってしまうだろう。

ルールや安全性、責任を意識しなければいけないサービスする側の人のことも考えながら、「もっとよくなるヒント」を提案していきたい。

キャバ嬢スカウトと歌舞伎町のナンパ

あちこち出張し、日本はバリアフリー先進国というわけじゃないと感じた。

私は快適に過ごしているけど、車椅子だと行きにくい場所も残っている。

何より人の心の中のバリアは、まだあるんじゃないかな。

「障がいがある人を見つけたら、どうしたらいいかわからない」とか、健常者同士の差別や偏見とか、いろんな壁がある。

だから私は、それをぶち壊す仕事を当分は続けるつもりだ。


誤解しないでほしいのは、〝立派なみゅうちゃん〟が上から目線でお説教しているわけじゃないということ。

〝クソ生意気な16歳の姫〟の頃より大人になったけど、私はまだ25歳だ。

大人になったつもりだけど世間知らずなところもある。たとえば自分のＳＮＳのフォロワーにホストやキャバ嬢がいることに気づいたとき、正直、驚いた。

夜職というだけで下に見る人もいるけど、そういう意味じゃない。相当に考えて努力している人が大勢いるのを、友だちを通じて知っている。家庭の事情で進学できず、お金に苦労しながらがんばっている人もいるし、いろんな経験をしたぶん、心が豊かな人もいる。

それなのに驚いたというのはなぜか——理由は、「ホストとかキャバとかは、障がい者に興味ないやん。別世界やん」と決めつけていたから。

それでふと思い出したのが、社会人1年目の出来事だ。

あの頃、歌舞伎町付近に何度か用事があり、「ちょっと怖いよね」と思いながら人があふれる一番街を通過していた。そのとき、ナンパされたのだ——ホストではなさそうだけど、いかにもチャラい感じの男の人に。

中学生くらいから、地元で声をかけられることはよくあった。高1のデートで張り切って大人っぽい服装と濃いメイクで出かけた帰り道は、なんとキャバクラにスカウトまでされた。

スカウトは論外だけど、ナンパも会釈してスルー、一度もついて行ったことがない。一途《いちず》にしかなれない性格だから、彼氏がいたら無理だ。彼氏募集中のときも好きじゃないとダメで、軽く遊びたくても遊べない。

だいたい車椅子ユーザーになったとき、「人生経験として、ナンパ相手とお茶くらいしておけばよかった」とちらっと考えたのは、「これからの私の人生は、もう誰からも声をかけられない」と思ったからだ。

ナンパは外見だけで判断するから、車椅子という時点で除外されるはずで、「うるさく声をかけられず、ラクに生きられてええやん」という感じだった。

それでも、歌舞伎町のチャラ男は普通にナンパしてきた。

その日だけじゃなく、別の人にもナンパをされた。歌舞伎町以外でも「顔が気に入った」とナンパしてくる人もいた。

衝撃だった。

「車椅子ユーザーはナンパされない」

勝手にそう決めつけて、偏見があったのは私のほうだったのだ。

差別よりつらいのは「知らない」で終わること

ナンパはやっぱりお断りだけど、声をかけていただくのは、とてもうれしい。小学生や中学生に、「TikTok見ました～」「わー、ホントにみゅうちゃんだ！」なんて言ってもらうと、SNSをやっていてよかったと思う。

この間も「中1です」という2人組の女の子に声をかけられたけど、たぶんその子たちは、街なかで車椅子ユーザーに話しかけるのは初めてだったと思う。

福祉や障がいは、「知ろう」と自分で思わなければ知ることができない。身内に障がい者がいるとか、医療関係者を目指すとかじゃなければ別世界だ。同じ世界に存在して、生きているのに。

くだらないことで笑って、好きなことをして喜んで。くやしくて悲しんで、恋をして泣いて。

理不尽なことに怒って、それでもまた笑って。

障がいがあってもなくても、不完全なこの世界で、自分なりの役目を果たそうと、もがいている。

それなのに障がい者だけが、まるで透明人間だ。

差別や特別扱いをする以前に、「知らない」で終わっている。

それが健常者と障がい者に壁ができる大きな原因だ。


だけど、知れば、世界は変わる。

車椅子に乗っているとか障がい者とか関係なしに、声をかけてくれる。

義務感で「お手伝いしましょうか?」じゃなく、「こんにちは」って。

私も車椅子ユーザーとしてではなく、葦原海として「こんにちは」と答える。


これって心のバリアフリーにつながる一歩じゃない?

そう思えたとき、世界の中で「私の役目」を果たす、そのスタートラインに立った気がした。

11

どんな国もそれぞれいい

初めての海外旅行で「ライブで生きる楽しみ」を味わい尽くした話。

初めての海外、行けばなんとかなる?

旅行の準備って結構、性格が出ると思う。

しっかりと計画を立てていくか、行きあたりばったりでいくか。

荷物は念のためあれこれ詰め込んで大量か、最小限の身軽なのか。


私は出張でも観光でも、ノープランで動けないタイプ。

インスタとかでその街をがーっと調べて、事前にどこを回るか場所をしぼって、そこに合う服装を選んで、全部コーディネートしてから行く。

国内でもその調子だから、ミラノコレクションに出演したときは、コレクション本番より行く前のほうが不安だった。

生まれて初めての海外旅行、台湾とか韓国の近場ならまだしも、いきなりのヨーロッパ。イタリア語も英語もまったくできない。

私は何かやりたいときは「できる」という前提で始めるので、新たな挑戦をするときも、大きな不安を感じることがあまりない。

それなのに消えない不安と心配……。

だけど現地に行ってしまえば、逆に「意外とこんな感じなんだ」と思うことがいろいろあって、その場その場をやり過ごせた。

「ピンチかも？」ということも乗り越えられたし、なんならなじんでいた気もする。

やってみる前は不安だけど、やってしまえばどうにかなることって、旅行に限らずあるのかもしれない。

いざ出国！　大量の水を持参して

海外旅行は当たり前に国際線だから、国内線とは持ち込みの規定が違う。

「液体の持ち込みは100㎖まで。多すぎたら没収」なんて小さいところから、わからないことだらけだ。

インスタのストーリーで「情報募集！　初めての海外です。アドバイスくださ い」と聞き、フォロワーさんに教えてもらってから買い出しに行った。

ミラノコレクションの旅費は、クラウドファンディングで応援してもらった。

「ショー出演だけじゃなく、イタリア4都市を回って現地の様子を報告します」

みなさんにそう伝えていたから、早めに現地入りしてヴェネチアを観光。それからミラノに移動してショーに出演し、フィレンツェ、ローマと回って帰国する4都市2週間の予定だった。

旅行自体は好きだけれど、前に少し書いたとおり、問題はパッキング。

国内出張の仕事のあとでカフェを巡るだけでも服を替えるくらいだから、同じイタリアでも全然違う都市なら、それぞれに合ったコーディネートをしたい。

荷造りが苦手なら脳にゆとりがあるうちに準備を始めて、毎日少しずつ詰めていけばいいのに、ギリギリ癖がある私は前日にしかやれない。

毎日違うコーデの想定で、2週間だから14通り考えるのが、ものすごく大変。天候もわからないし、雰囲気も想像の世界。絶対にいい動画を撮りたいので、念には念を入れようとコーディネートを決め、さらにそれを床に並べて写真に撮って――出発前日は徹夜だった。

「行きの荷物は25キロまで」と事前に聞き、どきどきしながら航空会社の重量計にキャリーケースを載せたら22・5キロ。なんとかセーフ！

服だけじゃなく、水のペットボトルを6本くらい入れたから重かった。

水道水を飲むつもりはなかったけど、イタリアで売っている水が体に合うかわからない。自分で行く観光ならここまでしないけど、ショーに出るというのに体調を崩してはいけない。

「最初にヴェネチアに行ったら、おなか壊しちゃいました〜」

そんなの失礼すぎるから、ショーの出番が終わるまでは、持参の水を飲もうと決めていた。

子どもの頃は水が大嫌い。学校にはリプトンの紅茶かポカリスエットを持っていっていたのに、今では水しか飲めないくらいで朝は白湯を飲んでいる。

入院中、病院の食事が合わなくてがくっと痩せ、退院後にお菓子とうちの料理を食べすぎたら、反動で急に太った。そのとき、デトックスのために我慢して水を飲んでいたら好きになった——なんて話は置いておいて。

いよいよ、初めて、日本を出ることになった！

飛行機用の車椅子でドバイへ

飛行機はエミレーツ航空。ドバイ経由でヴェネチア（ベニス）に入る。

自分の車椅子はキャリーケースと一緒に預け、飛行機用の車椅子に乗り換える。

これはJALもANAも格安航空会社も用意しているもので、大きな車輪は搭乗時に取り外す——そうすると小さい車輪がついたパイプ椅子のようになり、狭い通路も移動できるのだ。

そうやって自分の席に着いたら、腕で体を持ち上げて、座席に乗り移ればOK。外資の航空会社とはいえ日本発だから、CAさんも日本人。

「お食事はチキンかフィィッシュですけど、チキンは売り切れで……」と説明してくれたりした。生まれて初めての海外なのに、外国に行く実感が湧かない。

乗り継ぎのドバイでは5時間もあったけど、空港用車椅子に乗り換えたらすぐ、「お手伝いが必要な人ゾーン」みたいなところに連れていかれて、そのままじっと待っているしかなかった。

できれば観光もしたかったし、空港のお店も見たかったから少し残念だったけど、言葉も通じないし仕方ない。

同行してくれたスタッフと動画を撮ったりして時間を潰し、機内では楽ちんなTシャツでひたすら寝て——無事にヴェネチアに到着した。

移動はいつも寝ているけど、合計16時間のフライトの間、機内食で起こされるのがイヤなほどよく寝ていた。2週間も留守にするというので、出発前の1週間は忙しすぎて、朝方の6時7時にボロボロになってベッドに倒れ込む生活だったからだ。飛行機で寝続けた結果、体力は回復。時差ぼけもなくてラッキーだった。

不便さも全部、まるごと体験したい

ヴェネチアは写真だとディズニーみたいにきれいなところだけれど、飛行機を手配してくれた旅行代理店さんに、「車椅子は難しいと思いますよ」と言われていた。

「大丈夫です。不便なのも含めて体験してくるんで、行ってきまーす♪」

そう答えたものの、到着すると石畳と階段と橋がめちゃくちゃ多い。

イタリア本土側にある空港からヴェネチア本島まではタクシーを使ったけれど、島内は車の乗り入れが制限されていて、みんな徒歩と水上タクシーで移動する。問題は、ホテルまでどうするか——事前にこんな説明も受けていた。

「このホテルはバリアフリーで、1階には車椅子で問題なく過ごせる客室が3つあります。ただし、ホテルの手前に40段の上り階段があり、橋を渡ってまた階段を40段下りていただくことになります」

同行者と2人、その橋の下でしばし困った。日本ならキャリーケースを下に置いておいて、同行者に私を先に運んでもらえばいい。しかしここはイタリア、目を離した隙にキャリーケースが盗まれてしまうかもしれない。

同行者だけ先にキャリーケース2つを持ってホテルに行ってもらい、私が橋のところで待つパターンも考えたけど、1人になるのはどきどきして怖い。

そのとき、がらがらと大量のスーツケースを積んだ台車みたいなものが来た。

「運ぶ?」みたいに手振りで言ってきて、値段を聞くと10ユーロ、これは頼むしかない! ヴェネチアには荷物の運び屋みたいな仕事があるらしい。

私は車椅子ごと同行者に持ち上げてもらうことにしたけど、まわりの人たちが手伝ってくれた。転倒防止バーを外して、重たい後ろの車輪から引っ張り上げるように登っていくから、人手があって助かった。

「あとでチップを要求されるかも」

心配だったけど、地元の人なのか観光客なのか、みんなさっと手伝って、さっと去っていった。

レストランに入ろうとすると、テラス席で食事している人たちが立って手を貸してくれた。ワインを飲んでいい気分だったのかもだけど、たまたまそこにいる関係ないお客さん同士が、さりげなく協力してくれる。

日本だと手伝ってくれるとしても、同じグループの人でやるイメージだから、「こういうのもいいな」と感じた。これも海外らしさなのかもしれない。

ゴンドラも馬車も「いいよ、乗りなよ！」

イタリアは、どの都市も石畳の段差があまりにすごくて、「車椅子から落っこちないように、溝にハマったりしないように」と常に意識して踏ん張る感じでいたら、筋肉を使いすぎたのか、ときどきけいれんした。車椅子も負荷が多いから、朝たっぷり充電してもかなりバッテリーを消耗する。私も車椅子もおつかれさまだ。

ヴェネチアでは水上タクシー、水上バス、一通り乗ったけれど、ゴンドラも欠かせない。

「だけどさ、乗ってる間に車椅子を置いといたら、盗まれるんじゃないの」

「車椅子ユーザーでも乗せてくれるのかな？」

同行者とそんなやりとりをしながらゴンドラを呼んだら、お兄さんは「いいよ！」といきなり車椅子ごと私を持ち上げた。ぽんと小さな船に乗せられ、「揺れたら落ちちゃわない？　大丈夫？」と不安だったけど、お兄さんは平気で鼻歌なんか歌っている。

私は自分でゴンドラの座席に乗り移ったけど、なんとも軽いノリだ。

日本なら「車椅子ですか」と言って慎重に対応するけど、イタリアは違う。

「いいよ、乗りなよ！」みたいな感じは、ローマの観光馬車も同じだった。

私が無事乗り込むと、馬車のおじさんは畳んだ車椅子を前に置いてくれたけど、馬の動きと石畳のせいで、ものすごく揺れる。

「あっ、落ちちゃう」と心配しているのがわかったのか、おじさんは片手で車椅子を押さえながら片手で馬を歩かせ、すごく大らかだ。

お天気に恵まれ、ホテルのテラス席、ゴンドラ、馬車とすてきな写真や動画が撮れた。ヴェネチアの運河の水は、正直、臭かったけど最高だった！

日本とイタリア、それぞれのバリアフリー

一番慌てたのは、ミラノからフィレンツェの移動だった。大事なミラノコレクション出演は終わったあとだから、まあ、よかったんだけど。

チケットを買い、時間どおりにホームに行けば、駅員さんが対応してくれて、乗れるものだと思っていた。ところが発車時間になっても、それらしき人が来ない。ホームを間違えていたことがわかり、窓口で次の列車に変更してもらった。もちろんホームの番号も、しっかりと聞いておいた。

1時間後、今度は余裕をもってホームに行った。何号車の何列何番か座席番号も確かめ、そこの入口で待ち構えていたけど、なかなか列車は来ない。

「まさか、また間違えた？」

じりじり焦り、やっと電車が到着したのは25分遅れ。停車してすぐ女性の乗務員

さんが降りてきた。

イタリアの電車は車高が高くて3段くらいステップがあるから、男性乗務員を呼んで、車椅子を持ち上げてくれるんだろう。そう思っていたら音がした。


「ピーッ！」


その女性乗務員が、勢いよく笛を吹いたのだ——出発の笛を。

彼女はさっさと乗り込み、私たちは取り残されてしまった！　再び窓口に行くと、「車椅子で乗車する場合は、対応のために2日前の予約が必要です」という冷たい答え。

今までチケットを買えたし、変更もできたのに、なんで突然？

車椅子なのは見ればわかるんだから、最初に教えてくれたらいいのに。

チケットを払い戻してもらい、「深夜バスで移動できるよ」と教わったけど、地下鉄で苦労して行った隣駅のバスターミナルは乗り場がめちゃくちゃ多くて、しかも行き先が書いていない。同行者も英語は得意じゃないし、これは無理だとミラノにもう1泊した。

またホテルをとって数時間の滞在――もう夜で、くたくただった。

日本の駅は基本的に、駅員さんに介助してもらう仕組みだ。降車スロープを出し、階段昇降機を操作してもらったりするので、待ち時間がたくさんある。

イタリアの駅はあらかじめ頼んでおかない限り、電車の3段のステップも自力で上がり、基本的に自分のことは自分でしなきゃいけない。

その代わりに車椅子マークがたくさんついた案内図があり、バリアフリーでどう移動するかがわかりやすくなっている。イタリア語も英語も読めない観光客にはかなり難しいけど、地元に住んでいて慣れていたら、待たずにさっさと動けるんだろう。

人の手を借りるのか、仕組みを整えるのか、バリアフリーにもいろいろある。これも旅をしなかったらわからなかったことだ。

大聖堂とマルコ

翌朝8時に駅に行ったけど、フィレンツェ行きの新幹線に乗れたのは2時間後。前日に到着し、朝から観光するはずだったのに、フィレンツェのホテルから出かけたときには、もう3時を過ぎていた。

「フィレンツェは革製品が有名だよ。露店でも安くていいものがあるから、20年前の新婚旅行で買ったベルトをまだ使ってるんだよ」

父にそう聞いて買いに行ったらぼったくられ、逆にうんと値切ったりしていたらどんどん時間は過ぎた。

フィレンツェ一番の観光名所、赤いドームのサンタ・マリア・デル・フィオーレ大聖堂に着いたときは16時半。16時45分で閉まると書いてあったのに、もう門は閉まっている。16時までに入らないといけなかったようだ。

仕方なく入口で写真を撮っていたら、中から出てきた警備の人と目が合った。おいで、と手招きをする。

「日本人ですか？」

少しだけ日本語ができるその人は、「特別に少しだけ見せてあげる」と私たちを中に入れ、お客さんが帰ったあとの内部を案内してくれた。

私の名前をたずね、渡されたのが翌日用の2人分のチケットで、大聖堂やウフィツィ美術館などを回れる周遊券だった。

「車椅子だと塔には登れないけど、フィレンツェを楽しんでね」と、英語の単語と少しの日本語で、歴史も教えてくれた。なんてやさしい人だろう！

「おはよう、みゅう」

翌日も通りかかったら、その人はまたいて、自分はマルコだと教えてくれた。偶然に出会ったおかげで楽しかったし、やさしさが心にしみこんだ。
ちゃんとお礼を伝えたいと、フィレンツェ最終日に手紙を渡しに行った。
夜、ホテルでまず日本語の手紙を書き、翻訳アプリでイタリア語にして、それをまたカードに書き写したものだ。

「こんにちは、みゅうです。私は日本で、車椅子で生活しながらモデル活動をしています。ミラノファッションウィークに参加するために、初めてイタリアに来ました。いろいろ親切にしてくれて、ありがとう。マルコさんのおかげで、フィレンツェをとても楽しめました」

簡単な手紙だけど、マルコはにこっとして受け取り、制服の胸のポケットに入れた。最初は右側に入れようとして「ノー、ノー、ハートサイド」と自分で言いながら左側に入れ直した。
大事なものは心臓の近くに――うれしかった。

ミラノからフィレンツェに移動するとき、電車のトラブルがあってちょっとうんざりしたけど、遅れたおかげでマルコと出会い、いい思い出ができた。もしも予定どおりに移動して普通に大聖堂に入れたら、私はただの観光客として、彼と言葉を交わすこともなかっただろう。


人生はライブだから、何が起きるかはわからない。

何がいいとか悪いとか、その一場面だけ切り取ったらわからない。

でも、どんな悪いこともハッピーエンドにつなげられる。

自分の受け止め方次第で。


行かないと感じないこと、出会わないとわからないことが、この世界にはまだ、たくさんある。

私はできないことを数えないから、どんなところだって行くつもりだ。

電動アシストの車椅子で。

バッテリーは、いつもたっぷり充電しておくよ。
車椅子も、自分の心も。

FEEL • REAL
LOVE • KILLS
INTRA • FATUM

私は会場で、
「車椅子モデル」ではなく、
ただのモデルだった。

かわいい?

世界はとっても広くて狭い。

そこらへんの
食わせておけ!
かわいい?
茨城!!

かわいい?
人は彼を

おわりに

世界は「できること」であふれてる

パリコレのランウェイを歩いた！

いろんなことを書いてきたけど、「こうして葦原海は幸せに暮らしました」というハッピーエンドじゃ終われない。

だって、何もかも、まだ途中だから。

本を書くなんて初めてだし、文章を書くのは慣れていない。時間がかかって、その間に誕生日が来て25歳になったし、出来事はあれこれ追加された。

MISIAさんのコンサートにダンサーとして参加して、なんと会場でトークをするなんてすごいチャンスをいただいたのも大きな出来事。

アリーナに立っているのは自分なのに自分じゃないみたいで、こんなことができるなんて、予想もしていなかった。

予想外の出来事は、他にもある。

秋に参加したミラノコレクションの興奮が冷めない頃、この本のプロジェクトはスタートしたけれど、最後の原稿を書いている今、私はパリから帰ってきたばかりだ。

なんと2023年春、パリコレクションに参加。

パリのランウェイを歩いた！！！

乗れないはずのビッグサンダー・マウンテンに乗れた⁉

「ディズニー・パリに絶対行く」

パリコレ参加が決まったとき、真っ先に思った。現地入り直前、パリコレ直後に大規模ストライキが予定されていることを知った。交通機関が止まって、ディズニーに行けなくなったら困る。予定変更して、パリ入り後、すぐにディズニー・パリへ行くことにした。

おかげで、時差ぼけやフライト疲れなんか忘れてしまった。

パークに入ると、「障がい者優先パス」を発行してもらえて、予想以上にスムーズ。

何よりもうれしかったのは、ビッグサンダー・マウンテンに乗れたこと！

日本とは制限が違ったのと、キャストさんごとに、その都度の判断だったのかわからないけど、とにかくなんと9年ぶりに乗ることができた。

それも4回！

車椅子ユーザーになって初めてのビッグサンダー・マウンテン。

控えめに言って、最高すぎた。

両足をなくす前、一番好きなアトラクションがビッグサンダー・マウンテンだった。順番待ちで、「次のライドだ」というとき、自分でもびっくりしたけど、ぐっと涙が込み上げてきて、結局、乗ってる間じゅう、涙が止まらなかった。

「もうできない」と思ってたことが、思いがけず「できた」現実。
2回目でじっくり景色を堪能して、3回目はめいっぱい手を上げて風を感じた。
4回目は、笑いが止まらなかった。

もう二度と乗れないはずだったビッグサンダー・マウンテンに乗れた、ディズニーランド・パリ。素晴らしすぎた。

結局、後日、パリコレの後でもう一度ディズニーランド・パリに行った。モン・サン・ミッシェルもベルサイユ宮殿もパスして。

つながりは「ファッション」、ただそれだけ

2度目の海外は、こうして楽しく始まった。パリに戻って、いよいよ本番。

ショーの会場は、「アメリカン・カテドラル」というジョルジュ・サンクにある

教会で、厳かな雰囲気の中、ミラノでもランウェイを歩かせてもらった、デザイナーのけみ芥見さんのショー。

魔夜峰央《まやみねお》先生の『翔んで埼玉』がプリントされた生地に、大きな赤い水玉が飛んでいる。

「そこらへんの草でも食わせておけ！」という伝説のセリフが胸元にある衣装。

着物風のデザインに、フーディ。

極端に違うものが混ざり合い、披露される。

私はダウンスタイルの髪にスモーキーメイクで、やっぱりどきどき、出番を待っていた。

しかし、またまたアクシデントが……。

「車椅子が届かない」

ランウェイを歩くための電動車椅子をホテルに届けてもらったものの、それが壊れて動かない。急いで別のものを手配したのに、それが時間になっても届かない！

ちょうどフランスは大規模ストライキで、その影響もあったんだろう。
私はないものを数えないから、「けみさんに押してもらう」と決めた。

ショーが始まり、いよいよけみさんのコレクション。
音楽に乗って、次々とモデルたちが歩いていく。
そしてラストウォークのモデルは私だ。

教会の祭壇横から、けみさんが押す車椅子で、ゆっくりと進んでいく。
ターンするとき、けみさんははけて、私一人でポージング。
フィナーレ――そのとき、やっと気がついた。

ものすごい拍手に。
ものすごい歓声に。
ものすごい笑顔に。

このショー全体で、車椅子ユーザーは私一人。

白人も黒人もプラスサイズモデルもいたけど、車椅子モデルは、私一人。

でも私は会場で、「車椅子モデル」ではなく、ただのモデルだった。

世界中から集まってきた、いろんな人たち。

みんな「ファッションが好き」というただ一つのことでつながり、ポージングをし、撮影をし、メモをとり、拍手をしている。


モデルデビューのＮＨＫのショーで感じた「健常者と障がい者の間の見えない壁」は、そこではもう、消えていた。

世界はとっても広くて狭い

一生乗れないはずだったビッグサンダー・マウンテンに4回乗れて、あんなに違和感があった見えない壁が消えた。

もちろん壁はまだあるし、一つの壁を壊したら、また一つ壁が見つかるだろう。
全部消すのは簡単じゃない。
でも、壊せる。
私は壊す。
ううん、みんなで壊していくんだと思う。

「パリはバリアフリーが全然進んでいない。歴史的な建物が多いから、簡単に工事できないんですよ」

現地でお世話になった日本人カメラマンさんが教えてくれた。

「でもね、エレベーターもエスカレーターもなくても、誰かしら手を貸してくれます。特にアラブ系の人は、呼吸するみたいに自然に手伝ってくれる」

フランスはいろんな人種や民族が混ざっているから、アフリカ系、アジア系、アラブ系といろいろいて、でもみんなフランス人だ。

私が知らない世界には、知らない壁もあるかもしれないけれど、知らないドアもたくさんあるだろう。

ドアが一つ開くたびに、きっと新しい世界がひらけていく。

そういえば、パリコレ会場で、突然、アメリカ人に英語で話しかけられた。通訳してもらったら、私を知っているみたいだ。

「握手してください！　あなたをＮＨＫワールドで見ましたよ」

ディズニーランド・パリでは、日本人の女の子に声をかけられた。

「うわ、みゅうちゃん？　まじ？　うわ、本物だ！」

パリのエッフェル塔の前でも、日本人の大学生２人組に、声をかけてもらった。

うれしくて、びっくりした。

世界って、本当につながってるんだ！
世界は広くて狭くて、心のドアを開けておけば、どこへだって行ける。
ショーが終わったばかりの興奮の中で、私はそんなことを考えていた。

壁は壊せるし、ドアは開く

表舞台に立つ仕事は、まだ始まったばかり。
挑戦は続いていくし、いつか制作側になりたいという夢も続いている。
アジアを旅してみたいし、キャンピングカーで日本一周もしてみたい。
人生は仕事だけじゃないから、結婚もしたい。
それには、まず恋愛をしなきゃだけれど。

好きなことしか夢中になれない、自分の性格はわかってる。
だから私は、遊びでも仕事でも自分に正直に、好きなことをしている。

そうやって「私にしかできないこと」を表現していけば、いつか世界の中の自分の役目を、果たせるんじゃないかな?
誰にでもきっとある、自分だけの役目を。

この本を読んでくれたあなたにも、あなただけの役目がある。
今いる場所で、果たせる役目が見つからないなら、どうかドアを開けてみて。
壁は壊せるし、ドアは開く。
そうやって踏み出してみても違っていたら、また別のドアを開ければいい。

みんな完璧じゃないし、この世界には「ないもの」もたくさんある。
でも、「できること」は、あふれているよ。
数えきれないくらい、たくさん、たくさん。

最後まで読んでくださって、本当に、ありがとうございます。
本を通して、あなたと会えて、幸せでたまらない。

2023年　春

葦原　海

葦原海（あしはら・みゅう）

モデル・SNS総フォロワー数70万人のインフルエンサー・観光アドバイザー。

1997年生まれ。高校在学中の16歳で事故に遭い、両足を切断。車椅子ユーザーになるが、「意識が戻って、足がないよりスマホがないことがショックだった」と状況をすぐに受け入れる。リハビリをしながら「できること」に目を向け、社会復帰。小学生の頃からの夢「テレビの大道具さん」へと突き進む。

専門学校在学中、NHK番組内のファッションショーに出演。これをきっかけに「エンタメの力で健常者と障がい者の壁を壊す！　そのために表現者になろう」と決意し、モデル活動を開始。大道具という〝裏方〟から〝表舞台〟に軸足を移す。

2021年東京パラリンピック閉会式パフォーマー、グラビアなど、唯一無二の「両足のない車椅子ユーザーのモデル」として活躍。自由で素直なポジティブ発言も注目を浴び、地方自治体や企業、学校での講演多数。

新型コロナウイルスの感染拡大で活動できなくなったことをきっかけに、YouTube、TikTokなどの動画配信を本格始動。「障がい者はかわいそう」という思い込みにとらわれず本当の姿を知ってほしいと、車椅子ユーザーの入浴やトイレのリアル、旅行、一人暮らしなどNGなしであらゆる質問に答えて大反響を巻き起こす。

2022年にはミラノコレクション、2023年にはパリコレクションのランウェイを車椅子で歩き、世界デビュー。歌手MISIAのアリーナツアーではバックダンサーとして出演するなど、いま世界が注目する25歳。

「障がいがあるのにポジティブ、じゃなくて、明るいのは生まれつき」と、自他ともに認める明るく素直な性格で、ファン多数。「車椅子モデル・葦原海」を超えた一人の女性として、「見ているだけで勇気が出る」「大好きだから応援したい！」と小学生から親世代まで、男女を問わず熱い支持を集めている。

趣味はお菓子づくりとネイルアート。ディズニーは趣味を超えたマニア。好きな食べ物はじゃがりこと母の手づくり餃子。好きな飲み物はキャラメルフラペチーノの生クリーム抜きキャラメル多め。

https://www.youtube.com/@myu_ashihara

私はないものを数えない。

2023年5月20日　初版印刷
2023年5月30日　初版発行

著　者　　葦原 海
発行人　　黒川精一
発行所　　株式会社サンマーク出版
〒169-0074 東京都新宿区北新宿2-21-1
電話　03-5348-7800
印刷　　共同印刷株式会社
製本　　株式会社村上製本所

ISBN978-4-7631-4055-5 C0095
ホームページ　https://www.sunmark.co.jp

Enjoy!